ACESSO FORMAL DOS IMIGRANTES AOS ESPAÇOS POLÍTICOS

ELEITOS E ELEITORES NOS MUNICÍPIOS
E JUNTAS DE FREGUESIA PORTUGUESAS

Fernando Ruivo
Clemens Zobel
Giovanni Allegretti
Carlos Elias Barbosa
Ilda Fortes

**ACESSO FORMAL DOS IMIGRANTES
AOS ESPAÇOS POLÍTICOS:
Eleitos e Eleitores nos Municípios
e Juntas de Freguesia Portuguesas**

AUTORES
Fernando Ruivo, Clemens Zobel, Giovanni Allegretti, Carlos Elias
Barbosa, Ilda Fortes

EDITOR
EDIÇÕES ALMEDINA, SA
Rua Fernandes Tomás, nºs 76, 78, 80
3000-167 Coimbra
Tel.: 239 851 904 · Fax: 239 851 901
www.almedina.net · editora@almedina.net

DESIGN DE CAPA
FBA.

PRÉ-IMPRESSÃO
EDIÇÕES ALMEDINA, SA

IMPRESSÃO E ACABAMENTO
PENTAEDRO, LDA.

Abril, 2013
DEPÓSITO LEGAL
357804/13

Os dados e as opiniões inseridos na presente publicação são da exclusiva
responsabilidade do(s) seu(s) autor(es).
Toda a reprodução desta obra, por fotocópia ou outro qualquer processo,
sem prévia autorização escrita do Editor, é ilícita e passível de procedimento judicial contra o infractor.

BIBLIOTECA NACIONAL DE PORTUGAL – CATALOGAÇÃO NA PUBLICAÇÃO
ACESSO FORMAL DOS IMIGRANTES AOS
ESPAÇOS POLÍTICOS
Acesso formal dos imigrantes aos espaços
políticos : eleitos e eleitores nos municípios e
juntas de freguesia portuguesas / Fernando
Ruivo... [et.al.]
ISBN 978-972-40-4868-0
I – RUIVO, Fernando
CDU 323
316

O presente livro teve origem num projeto de investigação intitulado "O Acesso Formal dos Imigrantes aos Espaços Políticos: Eleitos e Eleitores nos Municípios e Juntas de Freguesia Portuguesas" (IME/SDE/81870/2006), tendo como Investigador Responsável Fernando Ruivo, financiado pela Fundação para a Ciência e Tecnologia e desenvolvido pelo Centro de Estudos Sociais, em parceria com o CESNova Lisboa.

ÍNDICE

1. Introdução   9
Fernando Ruivo, Clemens Zobel, Carlos Elias Barbosa

2. Em torno da metodologia   15
Clemens Zobel, Carlos Elias Barbosa

3. Quadro geral da participação política dos imigrantes no espaço
da União Europeia   23
Clemens Zobel

4. Plano geral da imigração em Portugal   37
Clemens Zobel, Carlos Elias Barbosa, Giovanni Alegretti

5. Quadro legal de participação política dos imigrantes em Portugal   43
Carlos Elias Barbosa

6. Limites à participação política formal e espaços alternativos
de participação cívica   49
Giovanni Alegretti, Clemens Zobel, Carlos Elias Barbosa

7. Fatores e contextos de mobilização para a participação formal   63
Giovanni Allegretti, Carlos Elias Barbosa, Clemens Zobel

8. As mulheres migrantes na política   71
Ilda Fortes

9. Proximidades/distâncias: perspetivas sobre o exercício
do voto imigrante   85
Carlos Elias Barbosa, Ilda Fortes, Clemens Zobel

10. Participação como candidatos ou cooptação política   93
Clemens Zobel, Giovanni Allegretti, Carlos Elias Barbosa

11. O Poder Local português e a participação formal dos imigrantes   101
Fernando Ruivo

12.	Considerações finais	121

Fernando Ruivo, Clemens Zobel, Giovanni Allegretti

Bibliografia	127
Sobre os Autores	139
Anexos	141

ÍNDICE DE ILUSTRAÇÕES

Gráfico 1 – Evolução da população estrangeira em Portugal	38
Gráfico 2 – Inscritos segundo a nacionalidade	58
Figura 1 – Os limites de acesso de estrangeiros residentes aos direitos políticos em Portugal	51
Quadro 1 – Caracterização dos entrevistados	18
Quadro 2 – Caracterização sociodemográfica dos entrevistados	20
Quadro 3 – Direitos de voto de nacionais de Estados terceiros em 29 países europeus	25
Quadro 4 – Restrições aos direitos eleitorais ou discriminações positivas	27
Quadro 5 – Estrangeiros residentes em Portugal por nacionalidades com direitos políticos	41
Quadro 6 – *Stock* de população estrangeira em Portugal em 2008 por distrito de residência	42
Quadro 7 – Direitos Políticos na CPLP	47
Quadro 8 – De que forma teve conhecimento do direito de voto atribuído aos imigrantes?	53
Quadro 9 – Estrangeiros recenseados para eleições locais, por nacionalidade	57
Quadro 10 – Exercício do direito de voto nas eleições locais	85
Quadro 11 – Exercício do direito de voto nas eleições locais, por género	86
Quadro 12 – Exercício do direito de voto nas eleições locais, por grupos etários	87
Quadro 13 – Conhecimento dos direitos políticos, por tempo de residência em Portugal	88
Quadro 14 – Conhecimento dos direitos políticos, por nacionalidade	90
Quadro 15 – Exercício do direito de voto, por nacionalidade	91

1. INTRODUÇÃO

Fernando Ruivo, Clemens Zobel, Carlos Elias Barbosa

Desde 1996 que Portugal é um dos países europeus onde os direitos relativos ao voto em eleições autárquicas e o direito à elegibilidade não se encontram apenas atribuídos aos cidadãos europeus, abrangendo igualmente, nesse sentido, estrangeiros dos países da comunidade de língua portuguesa e de países que garantam direitos similares aos emigrantes portugueses. Instituições como a Comissão das Comunidades Europeias ou, em Portugal, o Alto Comissariado para a Imigração e Minorias Étnicas consideram este tipo de políticas como um elemento-chave para a integração política dos imigrantes. No entanto, após a realização de quatro eleições autárquicas (1997, 2001, 2005 e 2009), uma avaliação científica desta opção continua por efetuar. Os escassos dados estatísticos disponíveis apontam para uma situação que suscita perplexidade: apenas uma pequena minoria dos potencialmente elegíveis se recenseia para votar, não obstante, desproporcionadamente, um razoável número de estrangeiros deterem cargos em executivos ou assembleias municipais e assembleias de freguesia. Quais as razões para a falta de mobilização dos potenciais votantes estrangeiros? Como explicar o facto de muitos dos que integram o grupo de recenseados serem eleitos com sucesso? De que maneira o envolvimento dos imigrantes em instituições democráticas formalmente representativas ao nível local difere do comportamento da maioria? Será que este facto reproduz substancialmente a matriz política da sociedade portuguesa? Que conclusões comparativas podem ser aduzidas no que diz respeito à participação política do imigrante em outros países da União Europeia?

Encontrar respostas para estas questões implica analisar não só o ambiente institucional mas também as características do próprio grupo-alvo. Isso envolve o examinar da estrutura política e discursiva de oportunidades criada pelas políticas institucionais do Estado ou a ação de corpos paraestatais, como o Alto Comissariado para a Imigração e Minorias Étnicas de Portugal, bem como investigar as suas relações com as práticas de mobilização geradas por organizações de migrantes, sindicatos, partidos políticos e ONG. O estudo apresentado neste livro envolveu igualmente uma investigação sobre a medição do respetivo peso de variáveis relativas à população imigrante, tais como diferenças geracionais, divisões étnicas, nacionais ou religiosas, a eficácia das atividades organizacionais coletivas, o acesso desigual aos recursos socioeconómicos, bem como o impacto das diferenças de género.

Para além do domínio particular da imigração, a análise aqui proposta procurará integrar variáveis relacionadas com as características gerais do Estado e da sociedade civil portuguesa, tais como a privatização do poder político, a personalização das relações administrativas, a desconfiança perante estruturas formalizadas de representação e a importância das redes de caráter interpessoal. Apesar de essencialmente se propor investigar a participação política formal, a investigação produzida procura colocar tanto o recenseamento como o voto e as candidaturas no espectro de um espaço mais vasto constituído pelas práticas participativas. Na medida em que os trabalhos preexistentes ao que se procurou desenvolver se debruçaram quase exclusivamente sobre a região de Lisboa, o projeto envolveu uma amostra de cariz mais nacional, abrangendo eleitorados urbanos e rurais. A pesquisa versou as políticas locais nos municípios e freguesias, mas visou, igualmente, explorar ligações possíveis com níveis regionais, nacionais e transnacionais. O que conduziu, consequentemente, a incluir considerações sobre as políticas da União Europeia, o papel das organizações representativas nacionais, bem como os laços transnacionais com organizações dos países de origem.

Este estudo associa também as interpretações sobre a não participação imigrante às maneiras como as políticas públicas, normas e regulamentações são traduzidas de acordo com características territoriais históricas, sociopolíticas ou culturais. Tais variações podem exprimir-se em políticas de ativação pública que tanto podem fazer apelo às comunidades ou apenas considerarem o imigrante enquanto cidadão meramente individual. Poderão estas variações locais conduzir a diferentes resultados em termos de envolvimento político? Do mesmo modo, o contexto territorial local pode influenciar o comportamento eleitoral e a filiação política dos candidatos. Enquanto noutros países os imigrantes tendem a apoiar partidos de esquerda, as estatísticas da filiação política em Portugal sugerem uma distribuição mais nivelada através de todo o espectro político. Como explicar tal diferença?

O discurso governamental considera os poderes locais e a participação como pilares essenciais da democracia. Ora, no caso dos imigrantes, a ausência de estatísticas relevantes transforma esta orientação em algo difícil de monitorizar. Assim, aperfeiçoar as políticas oficiais no sentido de avaliar o impacto dos direitos do voto imigrante torna-se num objetivo assaz importante.

A metodologia utilizada implicou a identificação de uma amostra de localidades de trabalho de campo em distritos onde o rácio estatístico é particularmente alto entre imigrantes votantes e eleitos, utilizando indicadores adicionais e um curto questionário estruturado. Foram utilizadas metodologias qualitativas e quantitativas, tendo em conta a devida conveniência, nomeadamente o uso de questionários semiestruturados e entrevistas aprofundadas.

Na medida em que Portugal pertence ao grupo de países europeus a ter concedido direito de voto autárquico a cidadãos da União Europeia e a um leque selecionado de não europeus, a ausência de uma base de conhecimento sobre este procedimento, tanto em termos de estatísticas oficiais como de projetos de investigação, torna-se algo de surpreendente. Enquanto a questão dos direitos políticos é tratada (Carvalhais, 2004), tendo o Observatório Português da Imigração sustentado uma larga gama de estudos (PIO, 2006), o tópico relativo ao recenseamento e votação manteve-se fora do horizonte. A participação política local foi explorada (Horta, 2002; Marques *et al.*, 1999a), mas os trabalhos realizados discutem o papel das associações imigrantes, apenas marginalmente tratando o voto e a integração dos imigrantes em organizações mais ativas naquele domínio. Como a observação de Baganha e Marques (2001: 75) sobre a inexistência de estatísticas sobre participação por nacionalidade sugere, esta situação deve-se parcialmente à escassez das próprias estatísticas. A análise sociológica das eleições locais sobre os dados da DGAI (2011), por exemplo, discute indicadores de género, profissionais, económicos e geracionais, apenas apresentando dados sobre recenseamento imigrante, eleitos e filiação partidária. Deste modo, comparar eleições torna-se difícil; especialmente quando os dados sobre os imigrantes eleitos se encontram ausentes da análise de 2005. Se a maneira como os dados sobre eleitos e eleitores são recolhidos pode ser considerada um indicador do interesse real existente para uma análise cuidadosa do tema, sem dúvida que a ausência da catalogação e elaboração de dados importantes (como os relativos à relação entre naturalidade e existência de títulos de cidadania portuguesa) e a simplificação progressiva de alguns dados desagregados denuncia um interesse muito baixo das instituições portuguesas em conhecer e avaliar os efeito das transformações normativas ocorridas a partir de 1996 no domínio da integração política dos cidadãos de origem estrangeira no nosso país.

Em Portugal, a pesquisa sobre a participação imigrante tem sido principalmente de ordem monográfica, tendo apenas coberto um pequeno número de municipalidades ou grupos específicos de imigrantes. Oeiras (Marques *et al.*, 1999a) e Amadora (Horta, 2002), duas cidades da periferia de Lisboa, caracterizadas por uma grande comunidade cabo-verdiana, desempenharam um papel central, representativo de uma tendência através da qual os cabo-verdianos têm atingido o palco central. Este grupo não só é politicamente ativo, como constitui igualmente o maior segmento de votantes, com 16 607 recenseados em 2005, quando comparados com os 2228 brasileiros, o segundo maior grupo. O único trabalho a focar explicitamente a participação eleitoral local dos imigrantes (Cipriano, 2001) trata deste grupo e o único projeto corrente sobre integração política imigrante – "Cidadania, integração política e comunidades migrantes: a diáspora cabo-verdiana em Portugal e na Holanda" –, coordenado por Ana Beja Horta, compara cabo-verdianos em Lisboa, Oeiras, Amadora e Roterdão. Tudo isto reflete também o facto de extensos grupos de imigrantes não europeus, como angolanos, guineenses, moçambicanos, indianos ou ucranianos, se encontrarem excluídos do exercício do voto. O restante número de imigrantes votantes procedentes da União Europeia e de outros países é mais pequeno e heterogéneo, já que em 2005 apenas representavam 11 351 (8776 da União Europeia, 2585 com outras origens). Tomando em linha de conta que este grupo constitui mais de 40% do eleitorado imigrante e de que os dados estatísticos sugerem que 46% dos votantes imigrantes recenseados vivem fora da região de Lisboa, uma compreensão da participação política formal imigrante à escala nacional (Teixeira e Albuquerque, 2005) parece encontrar-se dificultada por meramente se estudar um grupo particular concentrado na capital e seus arredores.

O desafio, por conseguinte, é não só direcionar a participação política formal às últimas quatro eleições locais, mas também ampliar a amostra, incluindo outras nacionalidades e cobrindo círculos eleitorais do norte, centro e sul do país, assim como das suas regiões autónomas. O enfoque na participação política formal e a amostra de cruzamento cultural coloca questões que acabam por tocar em alguns princípios básicos dos estudos sobre imigrações. Podíamos, por exemplo, discutir se é possível incluir votantes europeus e não europeus num mesmo estudo, uma questão que se relaciona com a assunção de que os europeus tendem a comportar-se mais como cidadãos, enquanto os não europeus se apresentam como distintos, tanto legal como culturalmente.

Uma tendência como esta encontra-se identificada numa pesquisa sobre participação imigrante em 25 países europeus (Vogel e von Ossietzky, 2005), na qual os seus colaboradores sublinham a falta de informação sobre a participação política formal, bem como sobre o papel dos imigrantes em organizações de cariz não étnico. Cyrus (2005: 56) postula a presença de uma "agenda oculta", que remete para o *background* cultural ou para o estatuto legal, enquanto explicação para a aceitação de modelos de participação quando se trata de não europeus. Como resultado disto, variáveis relacionadas com as relações entre Estado e sociedade civil, bem como comparações entre o envolvimento político de outros imigrantes e a maioria da população resultam negligenciadas.

O presente trabalho não rejeita o valor explicativo de tais variáveis nem sugere, de qualquer forma, que todas as pesquisas europeias sigam esta mesma tendência. Procurará aproveitar-se dos ensinamentos de algumas investigações comparadas europeias sobre participação política imigrante (Martiniello, 2005; Messina, 2006), dos estudos sobre o voto imigrante em cerca de meia dúzia de países, bem como das pesquisas sobre votantes naturalizados, uma área natural e particularmente importante no Portugal pós-colonial.

Alargar o leque das variáveis pode contribuir para aprofundar o nosso processo de compreensão, mas acaba também por proporcionar um valor acrescentado ao apontar para um campo de estudos de caráter mais extenso. Assim, tópicos como os das relações entre a sociedade civil e os poderes políticos central e local (Ruivo, 2000a), ou o das variações na implementação local das políticas públicas (Ruivo, 1993, 2000b; Koopmans e Statham, 2000) podem então ser tratados. No que diz respeito às abordagens participativas e inclusivas à democracia local (Allegretti e Herzberg, 2004; Biagioni, 2002; Santos, 2005), uma contribuição sobre as freguesias será igualmente efetuada. Um grande número de imigrantes parece ocupar cargos a este nível e a presença de candidatos independentes é forte (Martins, 2004: 637). Já a exploração da motivação para o voto contribui para uma discussão mais vasta e fértil sobre o fenómeno da abstenção eleitoral (Freire e Magalhães, 2002). E, como as análises das redes políticas cabo-verdianas vieram demonstrar, estudar o envolvimento imigrante nas políticas locais pode também contribuir para a aquisição de conhecimentos sobre relações transnacionais (Bauböck, 1994), cooperação municipal descentralizada (Zobel, 2001) e a formação de elites políticas (Azevedo, 1989). Finalmente, torna-se relevante todo um trabalho em torno das relações industriais e de classe, bem como sobre a situação económica dos imigrantes (Baganha, 2000; Estanque, 2005).

2. EM TORNO DA METODOLOGIA

Clemens Zobel, Carlos Elias Barbosa

De um modo generalizado parece que se tem vindo a dar maior importância à imigração quando esta é apresentada e analisada em termos quantitativos, quando os seus valores são bastante relevantes em várias áreas da sociedade de destino, ou quando surge com maior frequência nos debates públicos. Em especial, nos países considerados como tradicionais de imigração, é ainda muito recente a atenção dada relativamente à sua influência no que diz respeito à intervenção política e cívica no país de destino. Em Portugal, o tema da participação política dos imigrantes não tem sido cabal e suficientemente tratado até ao presente. Deste modo, a pertinência do estudo que agora se apresenta vem no sentido de apontar alguns traços explicativos em torno da mobilização e participação política dos imigrantes em geral e, mais concretamente, ao nível das eleições locais. Para tal, será importante avaliar o impacto da lei do recenseamento eleitoral (Lei nº 50/96) sobre o comportamento político formal dos imigrantes e, por outro lado, compreender as motivações daqueles que participam e concorrem em listas eleitorais. Contudo, no decurso do desenvolvimento deste projeto de investigação deve também destacar-se, desde já, que não é possível deixar totalmente de lado outros modos de manifestação política que não sejam o da participação formal.

Ao longo deste estudo sempre nos deparámos com o problema concernente à conceptualização e definição do grupo em estudo. Neste âmbito, convém ter-se em consideração um grupo mais alargado, principalmente se se considerar o contingente de nacionais com naturalidade estrangeira. Mais uma vez esses dois indicadores (nacionalidade/naturalidade) levam-nos a considerar com maior rigor «quem é que é um "imigrante"». Ao mesmo tempo torna-se necessário reequacionar a dimensão subjetiva que lhe é adjacente, isto é, o modo como os sujeitos se autodefinem perante processos migratórios diferenciados. Obviamente, ao falar-se de "imigrante", normalmente o termo é associado à ideia de "estrangeiro", por se tratar de uma forma facilmente identificável. Mas na verdade, e decorrente da forma como os factos se apresentam na realidade, nem todos os estrangeiros residentes em Portugal são ou foram imigrantes, havendo um número cada vez maior de imigrantes que não são efetivamente contabilizados como população estrangeira (Rosa *et al.*, 2004: 30). Fica, assim, esta questão por resolver.

Procurou-se, contudo, no âmbito deste projeto, atender aos dados oficiais, quer ao nível dos estrangeiros residentes em Portugal, quer ao nível dos estrangeiros recenseados para a participação política local. Por outro lado, foi indispensável alargar o âmbito aos nacionais com origem migratória e aos filhos de imigrantes residentes no território português. Somente desta forma seria possível uma aproximação entre a legislação sobre o recenseamento eleitoral dos estrangeiros em Portugal e as razões subjetivas, bem como a capacidade de organização dos grupos para uma participação não convencional. Isto é, trata-se de pensar a participação política do imigrante numa dupla dimensão: em primeiro lugar, a sua ligação com a origem, ou como a biografia dos sujeitos que poderá influenciar a sua participação ativa ou passiva; em segundo lugar, pensar o imigrante perante uma filosofia política democrática que o considere como sujeito soberano das suas decisões. Só assim, embora com algumas limitações, será possível enquadrar uma análise sobre a participação política dos imigrantes numa metodologia capaz de revelar minimamente a intensidade ou a complexidade dos processos de mobilização política, quer ao nível formal, quer por meios não convencionais ou mesmo através da ação cívica.

No que diz respeito à recolha e à análise de informação, o estudo seguiu uma estratégia plural de métodos e técnicas. Entendemos que foi útil o facto de se ter levado em consideração a combinação entre os instrumentos quantitativos e qualitativos, potenciando ao máximo a informação produzida. Através do cruzamento de fontes, atores e abordagens foi possível garantir uma leitura mais alargada sobre a questão em estudo e fazer uma síntese entre diferentes perspetivas e modos de participação política imigrante em Portugal. O presente estudo também adota em termos metodológicos uma aproximação biográfica, cuja ênfase é colocada do lado dos imigrantes e das suas experiências subjetivas. Nesta perspetiva seria possível visualizar vários aspetos essenciais para a compreensão do modo de inserção dos imigrantes nos espaços de participação política no destino: 1) as trajetórias políticas dos entrevistados e os fatores de motivação para que sejam convidados a pertencer às listas eleitorais; 2) a avaliação sobre a imigração em Portugal e os modos de recetividade da sociedade portuguesa; 3) a avaliação que os entrevistados fazem sobre a participação política dos imigrantes em Portugal.

Assim, a base de recolha de informação para este estudo estrutura-se em torno de quatro técnicas fundamentais, as quais seguidamente se passam a descrever:

a) Informação estatística
Foi elaborada uma recolha de dados oficiais no que diz respeito aos estrangeiros residentes em Portugal, bem como sobre o número de estrangeiros inscritos para as eleições locais. Privilegiámos as informações relativas aos anos respeitantes aos sufrágios eleitorais desde 1997.

b) Entrevistas exploratórias
A aplicação de um guião semiestruturado permitiu compreender as diferentes perspetivas dos atores envolvidos e, ao mesmo tempo, providenciar uma noção histórica dos processos de politização e envolvimento político dos grupos migrantes em Portugal.

Assim, no conjunto das 38 entrevistas exploratórias realizadas no âmbito deste trabalho, procurou-se privilegiar os indivíduos com um percurso migratório ou familiarizados com os temas que dizem respeito às autarquias locais e à imigração. Ao mesmo tempo, tivemos a preocupação de procurar sujeitos situados em lugares representativos ao nível das autarquias locais ou ao nível das organizações ligadas à imigração em Portugal.

Deste modo, destacaram-se, em termos de nacionalidade, os entrevistados de origem cabo-verdiana com dupla nacionalidade (portuguesa e cabo-verdiana) e naturais portugueses. Ao nível da identificação das funções que o conjunto dos entrevistados exercia ou a que se candidatou, sobressaem os representantes autárquicos e candidatos às listas eleitorais e os dirigentes associativos. Todos foram figuras centrais para o desenrolar da nossa pesquisa, isto quer pela sua situação de representação nos órgãos autárquicos, quer pelo destaque do seu papel interventivo no contexto das organizações de imigrantes desde o início da década de 1990. Verificámos ainda um desequilíbrio considerável em termos de género, o que é um fator ilustrativo da relevância atribuída socialmente ao papel masculino em posições de cariz representativo. Quanto às idades dos entrevistados, o maior peso encontra-se no intervalo compreendido entre os 31 e os 65 anos.

Em termos da sua distribuição geográfica, as entrevistas foram conduzidas nas seguintes localidades: Porto, Coimbra, Lisboa, Loures, Amadora, Oeiras, Sintra, Seixal, Setúbal, Sines, Odemira, Aljezur e Ponta Delgada.

QUADRO 1 – Caracterização dos entrevistados

Características	Valor absoluto
Nacionalidade	
Alemã	1
Brasileira	3
Cabo-verdiana	1
Holandesa	1
Portuguesa	7
Moçambicana	1
Senegalesa	1
Ucraniana	1
Dupla nacionalidade (AO/PT)	2
Dupla nacionalidade (BR/PT)	2
Dupla nacionalidade (CV/PT)	15
Dupla nacionalidade (GB/PT)	3
Sexo	
Feminino	8
Masculino	30
Idade	
18-30	5
31-45	14
46-65	16
66 e +	3
Identificação das funções	
Presidentes de Juntas de Freguesia	2
Presidentes de Assembleias de Freguesia	1
Membros de Assembleias de Freguesia	3
Membros de Assembleias Municipais	7
Candidatos não eleitos (JF/AM)	3
Deputados à Assembleia da República	2
Deputados das Regiões Autónomas	1
Cargos Diplomáticos	2
Dirigentes associativos	14
Representantes COCAI	2
Representantes de instituições religiosas	1

Legenda: AO = Angolana; PT = Portuguesa; BR = Brasileira;
CV = Cabo-verdiana; GB = Guineense.

c) Entrevistas focalizadas em grupos

As entrevistas realizadas com base na técnica do *focus group* tiveram a finalidade de proporcionar uma visão aprofundada e dinâmica, procurando extrair os pontos de vista dos participantes relativamente ao tema da participação política dos imigrantes em Portugal. A abordagem utilizada teve por base processos de entrevistas a conjuntos de pequenos grupos de pessoas.

Quanto à composição dos grupos entrevistados, procurámos, no presente estudo, constituir grupos heterogéneos, tanto ao nível do percurso migratório, como ao nível da inserção e de participação cívica e política em Portugal. Isto é, tivemos em conta não só as principais nacionalidades representadas, em especial aquelas com direitos de participação ao nível da política local, como também procurámos a diversidade nos grupos de discussão com eleitos locais, líderes associativos e potenciais eleitores. Por outro lado, revelou-se igualmente pertinente o facto de alguns dos grupos serem constituídos também por naturais portugueses que de forma direta têm trabalhado com as populações migrantes, ou que fazem parte de estruturas autárquicas. Para que a constituição dos *focus groups* fosse o mais exequível possível, optámos por seguir uma estratégia de bola de neve, com base nos contactos previamente estabelecidos com as várias organizações de imigrantes, bem como com o grupo contactado na fase das entrevistas exploratórias.

Em termos da caracterização sociodemográfica dos entrevistados, tomou-se como base as informações obtidas a partir das entrevistas como forma de criar um ambiente de comunicação entre os elementos dos grupos. Seguidamente, essas informações possibilitaram o direcionamento da dinâmica das entrevistas para os aspetos centrais do presente estudo.

Conforme se pode verificar, o conjunto de entrevistados apresenta um relativo equilíbrio em termos do género, há uma predominância de migrantes que já residem no território português há mais de sete anos e uma certa preponderância dos adultos acima dos 48 anos. Em termos da representação por nacionalidades, regista-se um peso relativo por parte daqueles que são detentores da nacionalidade cabo-verdiana. Tal facto decorre da proliferação das organizações associativas de cabo-verdianos, sobretudo entre as localizadas na Área Metropolitana de Lisboa. Consequentemente, como se veio a verificar ao longo da pesquisa, a mobilização para o exercício dos direitos políticos revelou-se, de certa forma, mais intensa entre a imigração cabo-verdiana, concretizando-se esta tanto pelos números apresentados pelo recenseamento para as eleições autárquicas, como pela dinamização destes na discussão sobre o tema em estudo.

QUADRO 2 – Caracterização sociodemográfica dos entrevistados

Características	Valor absoluto
Nacionalidade	
Alemã	1
Argentina	1
Brasileira	3
Cabo-verdiana	6
Guineense	1
Holandesa	3
Inglesa	1
Portuguesa	6
Dupla nacionalidade (Cabo-verdiana e Portuguesa)	3
Dupla nacionalidade (Angolana e Portuguesa)	1
Sexo	
Feminino	14
Masculino	12
Idade	
18-27	6
28-37	3
38-47	6
48-57	9
58 e +	2
Tempo de residência em Portugal	
- de 2 anos	1
2 a 6 anos	1
7 anos ou +	16
Naturalidade portuguesa	8

d) Questionário a nacionais estrangeiros com direitos políticos

Com a finalidade de obter um cruzamento entre os resultados obtidos nas entrevistas e nos *focus groups*, bem como de se obter uma perceção sobre o comportamento eleitoral dos imigrantes com direitos políticos em Portugal, optou-se ainda por aplicar um questionário aos nacionais dos países-membros da União Europeia, aos nacionais brasileiros e aos nacionais cabo-verdianos.

A amostra inquirida constituiu um total de 540 inquéritos. Os contactos adquiridos da fase das entrevistas e dos *focus groups* serviram de base para a realização do inquérito junto do universo definido. Os critérios definidos de seleção foram: ter idade igual ou superior a 18 anos e residir no território português há pelo menos dois anos. Relativamente às áreas de aplicação do questionário, destacou-se a seguinte distribuição geográfica, por distritos:

Porto, Coimbra, Beja, Lisboa, Setúbal e Faro. Os questionários foram aplicados em locais previstos onde seria possível encontrar um grupo razoável de pessoas em condições de colaborar no estudo. Assim, a equipa constituinte do projeto deslocou-se a diversas instituições, tais como os consulados e as associações e institutos representantes dos grupos migrantes. Também esteve nos bairros de forte concentração de população migrante, muito em especial os da Área Metropolitana de Lisboa. Utilizou-se ainda a técnica de bola de neve a partir de primeiros contactos, a fim de se chegar a mais indivíduos em condições de colaborar no questionário. Empregou-se uma base em SPSS (*Statistical Package for the Social Sciences*) onde os dados do questionário foram inseridos, a qual serviu para análise dos resultados apresentados ao longo deste trabalho.

Estrutura do livro

Neste trabalho optou-se por uma estrutura de texto que seguisse de forma relativa o curso do desenvolvimento do projeto ao longo do seu período de execução. Através da realização de uma análise simultaneamente transversal e específica, como já foi referido, optou-se pelo cruzamento de fontes múltiplas de informação. Deste modo, partindo dos princípios metodológicos acima enunciados, e de modo a dar o devido seguimento e exposição dos resultados, privilegiámos, de certo modo, uma ordem cronológica dos processos sobre a participação política imigrante em Portugal. Assim, de acordo com a estrutura da apresentação dos resultados do estudo realizado, começa por se fazer, no Capítulo 3, uma breve contextualização e análise do quadro geral da participação política dos imigrantes no Espaço da União Europeia. A comparação entre diferentes situações e o enquadramento da União Europeia dá-nos uma visão mais clara do processo relativo à atribuição dos direitos políticos aos não nacionais, no caso específico do nosso estudo no contexto da imigração em Portugal.

Para tal, considerámos pertinente apresentar, no Capítulo 4, um breve plano sobre a imigração em Portugal e o seu processo nas últimas décadas. Os dois primeiros pontos apresentados no livro complementam-se no sentido de se perceber o processo da construção do quadro legal sobre a participação política formal dos imigrantes em Portugal tratado no Capítulo 5.

Os capítulos subsequentes apresentam a análise dos dados oficiais recolhidos e dos resultados obtidos no decorrer deste estudo através das entrevistas e do questionário realizado. Assim, no Capítulo 6, apontamos um conjunto de indicadores que têm limitado a inserção dos imigrantes na política formal portuguesa. Este quadro, obviamente, vem acompanhado por outros aspetos que poderão levar determinados grupos migrantes a não estarem devidamente inseridos noutros espaços de participação na sociedade de destino. Contudo, no Capítulo 7, apontamos, por outro lado, alguns aspetos de mobilização no seio das estruturas organizativas dos imigrantes em Portugal como fatores de mobilização à participação formal. Reafirma-se a proeminência dos dirigentes associativos e do papel que vêm desempenhando no sentido de uma certa politização, com destaque para o início da década de 1990.

No Capítulo 8, apresentamos uma breve avaliação sobre o envolvimento de mulheres com origem migrante nas estruturas políticas em Portugal. De modo generalizado, aponta-se para uma certa homogeneidade no sentido em que os percursos sugerem quase sempre uma trajetória em que a participação e a mobilização cívica precedem o envolvimento na política eleitoral.

No Capítulo 9, apresenta-se o resultado obtido no questionário aplicado às populações migrantes originárias dos países-membros da União Europeia, do Brasil e de Cabo Verde. Este capítulo vem confirmar alguns dos dados estatísticos sobre o processo de recenseamento eleitoral dos estrangeiros em Portugal, bem como sugere algumas respostas sobre o efetivo comportamento eleitoral dos imigrantes residentes em Portugal com direitos políticos.

No Capítulo 10, fazemos uma avaliação sobre o papel determinante da cooptação de atores no seio dos grupos migrantes por parte de representantes políticos locais e, no Capítulo 11, procura-se apresentar uma reflexão no que diz respeito à problemática da imigração, tendo em conta as estruturas que conduzem as instâncias do Poder Local. Este capítulo tem uma importância particular no sentido de abrir a análise da implicação política dos não nacionais ou dos nacionais com naturalidade estrangeira ao universo geral das práticas e da cultura política da população portuguesa.

Finalmente, no Capítulo 12, efetuamos um rápido balanço sobre os resultados do nosso estudo e uma série de recomendações em relação à melhoria no que diz respeito ao exercício dos direitos políticos por parte dos cidadãos não nacionais, a um alargamento do universo de categorias de estrangeiros com direitos eleitorais, à produção e avaliação de dados estatísticos, bem como ao aprofundamento e à reorientação da investigação científica.

3. QUADRO GERAL DA PARTICIPAÇÃO POLÍTICA DOS IMIGRANTES NO ESPAÇO DA UNIÃO EUROPEIA

Clemens Zobel

Este capítulo baseia-se na ideia de que uma compreensão do processo da elaboração e consolidação dos direitos políticos que oferecem o direito ao voto aos cidadãos não nacionais nos países-membros da União Europeia (UE) é importante para uma melhor compreensão do caso português. Este pressuposto pode ser justificado pelo facto de que o processo da realização dos direitos políticos em Portugal reflete uma tendência geral da mudança dos fluxos migratórios nos países da Europa Ocidental, realçando-se as mudanças no crescimento em volume da imigração para a Europa após a II Grande Guerra Mundial (Castles e Miller, 2009: 96). As mudanças em Portugal trazem, necessariamente, as marcas da integração europeia e a sua consolidação através da oferta de direitos políticos às pessoas originá- rias de países-membros da UE que vivam num outro Estado-membro. Nesse sentido, as dificuldades e os avanços que a implementação do direito ao voto e à elegibilidade para cargos eleitorais (os direitos eleitorais ativos e passivos) encontrou nos países-membros da UE podem ajudar a uma melhor avaliação da situação em Portugal. De uma maneira geral – e isso também se vê no âmbito dos dados provenientes do contexto português –, na Europa há mais migrantes nacionais de países terceiros do que nacionais da UE. Numa proporção de quase três por um, 18,5 milhões dos 27 milhões residentes estrangeiros são originários de países situados fora do espaço da UE (Comissão Europeia, 2007: 3). Esta tendência confirma a importân- cia que tem a questão do acesso aos direitos políticos formais dos estran- geiros não comunitários no nosso estudo.

A análise apresentada neste capítulo encontra-se dividida em três pon- tos. Em primeiro lugar, trata-se de apresentar o quadro legal ao nível euro- peu e de fazer um balanço do acesso ao voto dos não nacionais em 29 Esta- dos europeus, abrangendo os 27 da UE, a Suíça e a Noruega. Em segundo lugar, desenvolve-se uma breve discussão da história da elaboração e implementação do quadro legal nos diferentes contextos nacionais e dos debates que foram associados a este processo. Finalmente, pretende- -se apresentar uma avaliação do impacto prático dos direitos de voto nos países da UE.

O enquadramento legal dos direitos eleitorais e a situação nos diferentes países da Europa

Enquanto fundamento da cidadania ao nível da EU, o artigo 8º B do Tratado de Maastricht, de 1992, garante o direito de voto ativo e passivo ao nível das eleições municipais e europeias aos residentes estrangeiros originários dos países da União num outro Estado da União em que não são nacionais. O Tratado foi aplicado pela primeira vez em 15 países da União nas eleições europeias de 1994. No mesmo ano, a Diretiva do Conselho 94/30/CE, modificada depois da adesão da Áustria, da Finlândia e da Suécia pelo texto 96/30/CE (Strudel, 2003: 8), definiu uma aplicação mais detalhada desta lei. A Diretiva relembra que o Tratado não estipula uma harmonização geral dos regimes eleitorais dos Estados da UE, ressaltando, ao mesmo tempo, dois princípios comuns: «a igualdade e não discriminação entre cidadãos nacionais e não nacionais» e a «supressão da condição de nacionalidade» para ter acesso ao direito de voto e de elegibilidade para os cargos eleitorais.[1] Apesar do facto de não se tratar de um regulamento a ser aplicado diretamente, abriu o caminho para uma latitude de interpretação das normas comuns por cada Estado-membro (Waldrauch, 2003: 6). A França foi o último Estado a garantir o direito de voto aos cidadãos dos Estados-membros nas eleições locais de 2001. Depois da adesão de 12 novos países à UE, 6 milhões de cidadãos europeus podem hoje votar num outro Estado-membro onde se encontrem a residir. A questão dos direitos eleitorais tem sido expandida para incluir os nacionais de Estados terceiros pela Convenção sobre a participação de estrangeiros na vida pública ao nível local do Conselho da Europa. Este documento estipula, nomeadamente no seu artigo 6º, que os países signatários devem atribuir o direito de voto e de elegibilidade para cargos eleitorais a qualquer residente estrangeiro, desde que satisfaça as mesmas condições que são aplicáveis aos nacionais e tenha residido durante cinco anos antes das eleições no Estado em questão. A relutância em ir mais longe no alargamento dos direitos nacionais até abandonar qualquer discriminação entre nacionalidades é visível pelo facto de até agora a Convenção só ter sido assinada e ratificada por oito países (Dinamarca, Finlândia, Islândia, Holanda, Noruega, Suécia e com reservas sobre o direito de voto pela Albânia e

---

[1] JOCE de 31 de dezembro de 1994, L. 368, p. 38-43.

Itália). Além destes, apenas quatro Estados a assinaram (Chipre, República Checa, Reino Unido e Eslovénia) (Oriol, 2007: 84).

Em relação aos direitos de voto de nacionais de países terceiros de 29 Estados (os 27 países da União Europeia mais a Suíça e a Noruega), 17 permitem a algumas categorias de não nacionais a participação nas eleições locais (Geyer, 2007; Oriol, 2007). Trata-se dos seguintes países: Bélgica, Dinamarca, Eslováquia, Eslovénia, Espanha, Estónia, Finlândia, Holanda, Hungria, Irlanda, Lituânia, Luxemburgo, Noruega, Portugal, Suécia, Suíça (6 cantões) e o Reino Unido. Entre estes Estados, cinco (Bélgica, Eslovénia, Estónia, Hungria e Luxemburgo) não permitem aos nacionais de países terceiros candidatar-se às eleições municipais. Houve 12 Estados que não acordaram sobre os direitos eleitorais aos nacionais de países terceiros (Alemanha, Áustria, Bulgária, Chipre, França, Grécia, Itália, Letónia, Malta, Polónia, República Checa e Roménia).[2]

QUADRO 3 – Direitos de voto de nacionais de Estados terceiros em 29 países europeus

Direitos políticos locais	Estados
Direitos eleitorais ativos e/ou passivos para certas categorias de não nacionais	Bélgica, Dinamarca, Eslováquia, Eslovénia, Espanha, Estónia, Finlândia, Holanda, Hungria, Irlanda, Lituânia, Luxemburgo, Noruega, Portugal, Suécia, Suíça (6 cantões) e Reino Unido
Direitos eleitorais passivos	Bélgica, Eslovénia, Estónia, Hungria e Luxemburgo
Ausência de direitos de voto	Alemanha, Áustria, Bulgária, Chipre, França, Grécia, Itália, Letónia, Malta, Polónia, República Checa e Roménia

No interior deste universo, diferentes restrições podem ser aplicáveis em relação à população estrangeira elegível. Neste âmbito, Waldrauch (2003: 15-24) distinguiu dois tipos de casos. Numa primeira situação, os direitos eleitorais só são concedidos em determinadas regiões ou municípios, como certos cantões da Suíça. A maioria dos casos encontra-se numa

---

[2] Na República Checa, em Itália e em Malta, o direito de voto dos não nacionais originários de fora da UE existe no âmbito da constituição, mas não foi implementado ao nível das leis nacionais ou acordos internacionais.

segunda situação em que os direitos eleitorais são meramente aplicáveis aos cidadãos de certos países. Assim, numa primeira categoria, há situações em que os laços coloniais são utilizados para justificar os direitos políticos dos cidadãos das ex-colónias. Esse enquadramento encontra-se no Reino Unido, onde os nacionais dos 52 Estados da Commonwealth e da Irlanda têm o direito de votar e de se candidatar ao nível local, regional e nacional. Num segundo tipo de categoria aplica-se um critério de reciprocidade que se encontra normalmente sujeito a tratados intergovernamentais. Regras gerais de reciprocidade existem em Portugal e na Espanha, mas também na República Checa. Na Espanha, esse caso é hoje unicamente aplicável aos noruegueses. Apesar do facto de a República Checa ter reconhecido o direito de voto sob condição de reciprocidade em 2001, até agora nenhum tratado foi assinado. Como será discutido nos capítulos seguintes, o caso português tem a especificidade de integrar regras de discriminação positiva em relação aos cidadãos dos países de língua oficial portuguesa. Pode igualmente distinguir-se um enquadramento em que a pertença à mesma aliança ou confederação de Estados dá acesso a direitos políticos. Além do modelo da União Europeia, encontram-se aqui também o já referido caso da Commonwealth no Reino Unido, assim como o Conselho Nórdico de 1973. O último garante direitos políticos recíprocos muito amplos aos cidadãos da Dinamarca, Finlândia, Islândia, Noruega e Suécia, nomeadamente em relação à ausência de uma duração de residência mínima para aceder aos direitos. Por fim, importa realçar que, mesmo nos países em que não existem restrições em termos territoriais ou nacionais, outros critérios vão limitar o universo dos cidadãos não nacionais com direitos políticos. Encontra-se aqui o critério da duração mínima de residência, a qual se situa em geral entre três e cinco anos, bem como o da necessidade de um certo tipo de autorização de residência. Geralmente, trata-se de autorizações de residência permanentes. Em certos casos, a obtenção deste tipo de autorização pode vir a restringir consideravelmente o acesso aos direitos. Por exemplo, segundo Waldrauch (2003: 24), tanto na Eslovénia como na República Checa os não nacionais precisam de comprovar oito anos de residência. Esta duração pode atingir os 10 anos no caso concreto da Eslováquia. Um outro critério restritivo que, tal como se irá destacar no decurso do estudo, se tornou fundamental para o caso português, tem que ver com a necessidade de se efetuar um registo ou de pedir a autorização para exercer o voto. Apesar de casos como o de Portugal, da Irlanda e do Reino

Unido, onde a inscrição dos votantes assume a feição de um ato formal, na Bélgica os cidadãos não nacionais precisam de pedir uma autorização, bem como de assinar uma declaração em que se comprometem a respeitar a Constituição e a legislação do país.

QUADRO 4 – Restrições aos direitos eleitorais ou discriminações positivas

Tipo de restrição ou discriminação positiva	Estados
Direitos limitados a certas regiões ou províncias	Suíça
Limitação a certos Estados com base em laços coloniais	Reino Unido
Limitação a certos Estados com base em reciprocidade	Espanha, Portugal, República Checa
Discriminação positiva com base na pertença/aliança ou confederação de Estados	Dinamarca, Finlândia, Irlanda, Islândia, Noruega e Suécia, Reino Unido
Discriminação positiva com base na afinidade cultural/linguística	Portugal

História da elaboração e implementação dos direitos eleitorais e dos debates

Apesar de a discussão se focalizar sobre a questão dos direitos políticos dos cidadãos de países terceiros, o processo histórico da implementação dos mesmos direitos em relação aos cidadãos de Estados-membros da UE demonstra bem toda a dificuldade em realizar direitos que dissociam direitos de cidadania e pertença nacional. Neste âmbito, Strudel (2003: 10) distingue três categorias de países em relação à sua vontade em adotar direitos eleitorais para os não nacionais. Numa primeira categoria encontram-se os Estados em que a concessão desses direitos precede o Tratado de Maastricht e inclui todas as categorias de estrangeiros. Destaca-se aqui a Irlanda, que, entre 1963 e 1985, concedeu progressivamente direitos eleitorais ativos e passivos a todos os cidadãos residentes. No caso dos países nórdicos, a Suécia concedeu esses direitos a partir de 1975 a todos os estrangeiros residentes, seguida pela Finlândia, em 1976, e pela Dinamarca entre 1977 e 1981. A Holanda implementou esses direitos entre 1983 e 1985. Em relação à origem destas mudanças, torna-se altamente significativo o facto de em todos esses países a introdução da lei não ter sido o resultado de lutas políticas conduzidas por imigrantes, mas de uma imposição "de cima", tanto da parte dos juristas, como da parte dos políticos liberais. Em nenhum desses casos houve um debate político alargado.

Um segundo grupo de "pragmáticos" abrange essencialmente os países em que a condição da reciprocidade abriu o caminho para a atribuição de direitos a determinados grupos de estrangeiros. Trata-se aqui, por exemplo, quer do caso da relação entre o Reino Unido e a Irlanda, quer da situação em Espanha e Portugal. Nestes dois países a questão do acesso aos direitos políticos deve ser relacionada com uma certa preocupação sobre a situação dos seus nacionais que emigraram para países de acolhimento europeus. Isso vale sobretudo para a Espanha, em que tratados bilaterais foram concluídos com a Dinamarca, a Noruega, a Holanda e a Suécia. Ao mesmo tempo, a lentidão em aplicar o Tratado de Maastricht em certos países europeus, como a França e a Bélgica, onde os emigrantes espanhóis são particularmente numerosos, traduz-se numa reticência política em transpor o quadro legal europeu para o nível nacional (Strudel, 2003: 12). Entretanto, nos Capítulos 5 e 7 deste livro revela-se que, em contraste com os países nórdicos, o caso português pode ser considerado como excecional, na medida em que a mobilização política de grupos de imigrantes das ex-colónias impulsionou uma mudança do quadro legal a favor de certos grupos de imigrantes residentes no país.

Num terceiro grupo, designado como "empenhados", o maior obstáculo para uma abertura ao direito eleitoral para os não nacionais antes do Tratado de Maastricht está ligado aos textos constitucionais que associam direitos de cidadania à nacionalidade. Na Alemanha, Áustria, Grécia, Itália e Luxemburgo, as modificações constitucionais conduziram muitas vezes a debates políticos acalorados. Apesar dos obstáculos associados à ligação entre nacionalidade e cidadania, nos casos da Alemanha e da Áustria as controvérsias também tiveram que ver com a estrutura federal destes dois países. Desmultiplicando os níveis territoriais de representação política, o modelo federal dificulta a definição da participação política ao nível local. Verifica-se nesses casos a possibilidade de aproveitar as latitudes de interpretação deixadas pela Diretiva de aplicação do Tratado de Maastricht. Pode citar--se aqui a interdição aos não nacionais em aceder ao cargo de Presidente da Câmara na Itália, no Luxemburgo e em certos Estados federais da Alemanha e da Áustria, mas também, em certos casos, a inscrição não automática nas listas eleitorais. Esta última disposição assim como o que aconteceu no caso da Grécia, impondo condicionantes tais como o conhecimento da língua nacional, a duração de residência mínima ou a necessidade de produzir uma declaração escrita certificando que o cidadão não tinha perdido os seus direitos políticos no seu pais de origem, foram sujeitas a procedimentos de infração por não estarem em conformidade com os textos europeus.

As tensões à volta das modificações constitucionais e dos debates ligados às políticas de imigração foram particularmente visíveis num quarto grupo que acumula um atraso considerável na adaptação dos seus quadros legais nacionais. Neste âmbito, a Bélgica foi o país com o maior atraso na implementação do Tratado de Maastricht. Devido a uma situação marcada pelas tensões entre regiões francófonas e flamengas, que supunham que os nacionais dos países europeus poderiam modificar os equilíbrios eleitorais, aqui os cidadãos nacionais dos Estados-membros só conseguiram votar nas eleições locais em 2000 e os nacionais dos países terceiros apenas votaram em 2006. Segundo Strudel (2003: 18), o contexto francês foi marcado por uma resistência particularmente forte contra a dissociação entre cidadania e nacionalidade, e que salientava a indivisibilidade da soberania nacional. Os conflitos entre a extrema-direita e os movimentos antirracistas à volta da questão do direito de voto dos estrangeiros, que fazia parte das 110 propostas de reforma do Presidente Mitterrand no início da década de 1980, foram neutralizados "de cima" pela chegada do Tratado de Maastricht. Mas, depois, surgiu o problema da incompatibilidade da Constituição e, particularmente, a dificuldade de certos eleitos locais serem chamados a participar na eleição de senadores enquanto membros dum órgão legislativo nacional. A eventualidade de os residentes estrangeiros eleitos poderem aceder a este papel conduziu a uma adaptação do quadro legal nacional, no qual esta categoria de cidadãos é excluída da função de Presidente e Vice--Presidente da Câmara e da designação de eleitores senatoriais ou da eleição para senadores. Mais de uma década depois das primeiras eleições municipais com a participação de eleitores da UE, em 1998, o alargamento dos direitos de voto aos eleitores originários de países terceiros fica por realizar (Delemotte, 2007). Apesar de uma evolução favorável do posicionamento dos partidos da esquerda e do centro, bem como do desempenho de sete municipalidades da região de Paris que organizaram referendos sobre um alargamento de direitos eleitorais (Bouziri, 2007), o acesso da direita ao poder em 2002 contribuiu para manter o *statu quo* fortalecendo medidas restritivas contra os imigrantes e salientando a associação entre cidadania e identidade nacional. Aqui pode encontrar-se uma tendência comum à discussão noutros países, tais como a Holanda, a Alemanha e a Bélgica, que associa o acesso aos direitos eleitorais à questão de um reforço necessário das políticas de naturalização (Groenendijk, 2008: 7). Contudo, como se tinha observado na primeira parte deste capítulo, no quadro comparativo europeu a exclusão categórica dos nacionais de países terceiros tornou-se numa exceção. Resta-nos ver até que ponto a mudança das legislações ao nível europeu e ao nível nacional resultou num acesso efetivo dos cidadãos estrangeiros à participação política.

Os efeitos da concessão de direitos eleitorais aos cidadãos não nacionais

Na introdução, enfatizou-se que, em comparação com os trabalhos sobre a participação política não convencional dos estrangeiros, a investigação sobre o uso dos direitos políticos que garantem um acesso formal ao sistema eleitoral são ainda incipientes. Apesar deste facto, é possível fazer-se um balanço sobre a situação em alguns Estados da UE, dando particular atenção aos casos em que os cidadãos dos países terceiros têm direitos eleitorais. Assim, é possível deduzirem-se algumas tendências gerais.

Usando os dados relativos a oito países da Europa (Dinamarca, Finlândia, Holanda, Suécia, Suíça, Bélgica, Irlanda e Luxemburgo), Groenendijk (2008: 11) considera que em geral os eleitores não nacionais têm uma taxa de participação mais baixa do que a dos nacionais. Contudo, para este autor é importante salientar que a situação varia consideravelmente entre momentos históricos, cidades e grupos de imigrantes. Assim, a participação dos imigrantes da Turquia na Dinamarca, na Holanda e na Suíça é geralmente mais forte do que a dos outros grupos migrantes (Groenendijk, 2008: 13). De forma semelhante, no contexto português observa-se um peso importante dos eleitores naturalizados. Ao contrário da situação que os dados oficiais apresentados neste estudo irá mostrar, observa-se que em Portugal, de modo geral, o número de eleitos municipais não nacionais aumentou, apesar de não ficar muito clara a distinção apresentada nas estatísticas entre eleitos não nacionais e naturalizados. Na Dinamarca, o número de eleitos de origem não nacional aumentou de 3, em 1981, para 51, em 2001 (Groenendijk, 2008: 12). No Luxemburgo, em 2005, 198 (6%) dos candidatos eram não nacionais e 14 (1,2%) foram eleitos (Dubajic, 2007), enquanto na Holanda, em 2006, este número correspondia a 300 eleitos (4%) e na Suécia, em 2002, 7% dos eleitos eram de origem estrangeira, tendo duplicado em dez anos (Soininen, 2007), mas só 1% era de nacionalidade estrangeira. Segundo Groenendijk (2008: 12-14), esse aumento encontra-se associado ao impacto positivo dos direitos eleitorais e à procura dos partidos políticos no sentido de incluir candidatos não nacionais ou de origem migrante nas suas listas. Com efeito, pretende-se atrair potenciais eleitores que apresentem um peso considerável (por exemplo, entre 10 e 15% na Holanda, com uma taxa ainda mais elevada em certas cidades).

Esse cenário de progressão encontra-se em contraste com a situação da Finlândia. Este país é caracterizado por uma fraca percentagem de estrangeiros, 2,2% da população, apesar de se ter registado um aumento significativo nos últimos vinte anos, de 65 000 cidadãos não nacionais em 1990 para 121 739 em 2006 (Dervin e Wiberg, 2007: 102). É significativo o facto de esse crescimento não se refletir nos dados sobre a taxa de participação dos estrangeiros nas eleições municipais. Ao contrário do saldo positivo imigrante, a taxa de participação tem sido decrescente, com 20,8% em 1996, 18% em 2000 e 15,3% em 2004 (Dervin e Wiberg, 2007: 112). Segundo Sagne *et al.* (2005), deve aqui ter-se em conta uma taxa de variação considerável entre diferentes nacionalidades e cidades. Por exemplo, em 2000, 40% dos russos, 35% dos somalis e 31% dos vietnamitas votaram nas eleições municipais em Helsínquia. Enquanto nesta cidade os cidadãos da UE tiveram uma taxa de participação superior à dos cidadãos de países terceiros (36,6% contra 17,4%), em Turku, no sul do país, a situação inverteu-se (30,6% dos cidadãos de países terceiros contra 9,8% dos europeus). Apesar destas variações, Dervin e Wiberg (2007: 112-113) avançam como fatores explicativos da fraca participação o facto de os estrangeiros não se reconhecerem na vida política do país, o pouco interesse dos partidos políticos em integrar não nacionais e explicam que esta distância entre nacionais e não nacionais se relaciona com a falta de competências linguísticas dos estrangeiros e a ausência de uma dimensão política nos planos de integração elaborados pelas autoridades públicas. A particularidade do caso finlandês também pode ser relativizada se se considerar que na Suécia, um dos países com a mais longa tradição de voto de não nacionais, apesar do aumento já referido dos eleitos estrangeiros, a participação se encontra em declínio constante, de uma percentagem de 50,9% em 1976 para 34,4% em 2002 (Benito, 2005: 27). As razões invocadas por Benito são as seguintes: 1) a chave de entrada na política na Suécia é a política nacional e, deste modo, as pessoas que unicamente podem votar ao nível local têm uma menor motivação em participar; 2) uma grande parte dos atores envolvidos no debate público sobre a questão considera que a participação cívica deve ser condicionada pelo acolhimento inicial dos estrangeiros depois da sua chegada. Deste ponto de vista, uma situação em que os imigrantes têm de esperar três anos até obterem a autorização de residência permanente e conseguirem direitos políticos pode ser determinante na fraca motivação para o uso dos seus direitos.

Na Alemanha, os imigrantes mostram igualmente uma taxa inferior de participação em comparação com os nacionais, apesar de em Berlim as intenções de voto de certos grupos de estrangeiros não serem muito inferiores às dos nacionais (87% para os nacionais, 83% para os turcos e 63% para os russos). Ao nível federal, a taxa de participação eleitoral mais baixa está associada à ausência de interesse dos partidos políticos pelos eleitores não nacionais, ainda que, segundo a lei, os não nacionais possam ser membros. Essa situação traduz-se no facto de não existirem dados sobre a participação de não nacionais nos partidos políticos (Diehl *et al.*, 1998: 7) (é interessante notar que no âmbito do estudo português encontrou-se um cenário semelhante). Só 0,4% dos nacionais turcos, espanhóis, gregos e da ex-Jugoslávia eram membros de um partido e apenas 3,4% pensavam vir a integrar um partido. No entanto, parece que esta situação tem evoluído nos últimos anos. Dado que o voto dos imigrantes ou de pessoas de nacionalidade estrangeira se mostrou decisivo em eleições federais recentes, vários partidos começaram a criar comités especiais pela representação de interesses de grupos específicos, como os dos turcos. Apesar disso, a presença de representantes políticos naturalizados aos níveis local, estadual, federal e europeu continua a ser residual. No parlamento federal alemão só 5 membros são de origem estrangeira, enquanto em 2004, nos 15 parlamentos estaduais, o número de eleitos naturalizados não ia além de 8 (Cyrus, 2005: 31).

Entretanto, o caso irlandês mostra que o papel dos partidos políticos na mobilização pelo uso dos direitos eleitorais não é necessariamente crucial. Nesse sentido, o país oferece uma boa ilustração do possível peso de organizações imigrantes na mobilização política dos não nacionais (Ugba, 2005: 23-24). Nas eleições locais de 2004, as primeiras em que os não nacionais se mobilizaram de uma maneira significativa para usar os seus direitos ativos e passivos, apresentaram-se 20 candidatos nigerianos, 2 dos quais foram eleitos. Apesar de a situação ser favorecida pelo aumento de migrantes nos últimos anos, duas organizações, o *African Solidarity Centre* e a *Integrating Ireland* tiveram um papel crucial através de programas de sensibilização e de educação cívica, os quais incluíam a distribuição de folhetos e a organização de reuniões públicas. O êxito de uma estratégia de mobilização de longo prazo é sugerido pelas eleições locais de 2010, onde se registou um aumento de 44% de votantes não nacionais (*Irish Times*, 2010). Nos Capítulos 7, 9 e 12 irá ver-se que a questão da sensibilização e da informação sobre os direitos de voto é central no contexto português.

A situação no Reino Unido, um dos países europeus com maior número de população de origem estrangeira e no qual nacionalidades terceiras que façam parte da *Commonwealth* possuem direitos eleitorais, oferece um bom exemplo de um país onde a cidadania continua a estar associada à posse da nacionalidade ou a um processo de integração ligado à naturalização. Nesse contexto, a categoria habitualmente usada é a de minoria étnica ou racial e a distinção entre cidadãos com nacionalidade estrangeira e pessoas naturalizadas não se encontra nos dados apresentados na literatura. Assim, sabe-se que desde a década de 1980 a participação dos cidadãos de origem "asiática" tem sido importante, ultrapassando, inclusivamente, por vezes, o envolvimento dos "brancos". Em 1984, por exemplo, em 18 de 20 circunscrições parlamentares, a taxa de votação dos "asiáticos" foi superior à dos "brancos", com um valor de 81% contra 60% (Anwar, 1984). Mesmo se as "minorias negras" têm menor implicação eleitoral do que as dos "asiáticos", em comparação com outros países europeus, a taxa de inscrição de 97% de "minorias" contra 97% de "brancos" é muito significativa (Saggar, 2000).

Essa situação pode ser explicada pela interação entre a proliferação de organizações representativas de minorias étnicas e o papel importante que os partidos políticos têm dado à questão da representação das "minorias" e dos seus interesses. No entanto, desde 2002, a participação das minorias nas eleições está a baixar. Nesse ano, enquanto 59,4 de "brancos" participavam, só 47% das minorias o faziam. Essa diferença permaneceu mais ou menos estável nas eleições gerais de 2005, quando a participação foi de 56% do lado das "minorias" contra 68% da "maioria". As explicações para essa diminuição do envolvimento das minorias étnicas concentram-se na desproporção entre a pretensão dos partidos em representar os seus interesses e a baixa quantidade de eleitos "asiáticos" ou "negros". Uma situação semelhante àquela foi destacada pelos entrevistados portugueses do nosso estudo, em que os candidatos de origem migrante são muitas vezes colocados em lugares não elegíveis (Parekh, 2000, *apud* Düvell, 2005: 33). Segundo estes autores, essa fraca representação traduz-se ao nível local, em Inglaterra e no País de Gales, numa taxa de eleitos de "minorias étnicas" de 3% dos 21 498 eleitos.

ACESSO FORMAL DOS IMIGRANTES AOS ESPAÇOS POLÍTICOS

A categoria de "minoria étnica" é igualmente predominante nas discussões sobre o uso dos direitos eleitorais nos países da Europa Central e de Leste. A situação na Lituânia, por exemplo, é caracterizada pela presença de partidos representativos das grandes minorias étnicas, que são os russos e os polacos (Zukauskiene, 2005). A presença e permanência destas organizações resultaram de mudanças legislativas depois da independência do país no início da década de 1990. Inicialmente, os partidos representantes das "minorias" estavam isentos das taxas mínimas de entrada nos governos locais e nacionais, mas essa isenção foi depois abandonada em favor de coligações entre pequenos e grandes partidos da "maioria". Assim, nas eleições municipais de 2002, quatro partidos das "minorias étnicas" participaram e conseguiam 50 lugares, o que corresponde a 3,2% do total dos eleitos (Zukauskiene, 2005: 30).

No panorama dos Estados da Europa Central, a Hungria constitui um caso particular na medida em que existe a possibilidade de 13 "minorias étnicas" criarem os seus próprios governos locais. É também representativo porque este país pode ser visto como a ilustração de uma tendência geral na região de associar o fenómeno migratório a movimentos de populações entre Estados limítrofes. A lei que enquadra esta forma de autogovernação foi votada em 1993 e o motivo principal por parte do Estado húngaro era a proteção das "minorias" de origem húngara nos países limítrofes. Contudo, esses governos locais beneficiaram, em grande parte os *roma* que constituíam entre 4 e 9% da população total, e conseguiram, até 2006, 1118 governos locais. O número total destas entidades chegou a 2045 (NDI, 2006: 10).

Notas conclusivas

Em primeiro lugar, pode concluir-se que num panorama de 29 Estados europeus é significativo que mais de metade deles garanta o direito da participação eleitoral a certas categorias de não nacionais de países terceiros. Porém, o universo de nacionalidades elegíveis é limitado por várias distinções, tais como as regiões administrativas dentro do Estado, a reciprocidade, a pertença a Estados aliados ou culturalmente associados. Além disso, a negação dos direitos eletivos passivos, a aplicação de critérios de duração mínima de residência, a necessidade de obtenção de autorizações, assim como a inscrição voluntária nos registos eleitorais condicionam o acesso aos direitos políticos. A Convenção do Conselho da Europa sobre a participação de estrangeiros na vida pública ao nível local, a qual estipula o direito de voto e de elegibilidade para cargos eleitorais a qualquer residente estrangeiro, constitui um padrão que poucos Estados se encontram dispostos a aceitar.

Essas limitações refletiram-se no processo da criação dos quadros legais que garantem direitos eleitorais aos estrangeiros comunitários e não comunitários nos diferentes Estados europeus. Aqui, a dificuldade principal tem sido a de dissociar cidadania e pertença nacional, o que significa uma transformação do padrão do Estado-nação. Nota-se que, mesmo nos Estados mais progressivos do norte da Europa, as reformas foram desenvolvidas com a maior cautela política, evitando grandes debates públicos. Por parte dos Estados que tomaram uma posição proativa na modificação dos seus quadros legais respetivos, tais como a Espanha, Portugal ou o Reino Unido, os interesses nacionais ligados à situação dos seus emigrantes ou à história colonial foram importantes. Entretanto, numa grande parte dos países europeus, a eliminação de obstáculos constitucionais e a gestão política de receios sobre as consequências de um alargamento dos direitos eleitorais levaram a grandes controvérsias, atrasos na aplicação das normas europeias e a diversas estratégias de adaptação. Apesar de um lento processo de mudança das opiniões, estimulado pelos resultados positivos de experiências em outros países e das pressões de movimentos sociais, das autoridades locais e do Parlamento Europeu, ainda hoje muitos países europeus não criam a possibilidade da participação eleitoral dos cidadãos de países situados fora da União Europeia.

Em relação à questão de saber em que medida os cidadãos não nacionais têm exercido os seus direitos eleitorais nos diferentes países da Europa, constata-se que em geral a sua taxa de participação é menor do que a da maioria nacional. Entretanto, há variações consideráveis entre nacionalidades, territórios e ciclos eleitorais e a participação de certas categorias, como a dos "asiáticos" no Reino Unido, poderia ultrapassar a dos "brancos". No âmbito das estatísticas, manifesta-se aqui o problema importante de muitas vezes não haver distinção clara entre cidadãos não nacionais e naturalizados.

No que diz respeito à evolução da participação política, encontram-se tendências contraditórias. Por um lado, em países como a Dinamarca, Finlândia, Holanda, Suécia, Suíça, Bélgica, Irlanda e Luxemburgo destaca-se um aumento gradual da participação dos estrangeiros em termos de voto ou do número de eleitos. Por outro lado, há Estados como a Finlândia ou o Reino Unido em que a participação em termos de voto se encontra em declínio. Aqui há também que considerar casos como o da Suécia, em que o número de eleitos aumentou, enquanto a participação votante regrediu nas últimas duas décadas. Como se pode observar no caso da Irlanda, há contudo países em que a progressão do número de participantes não nacionais nos últimos anos foi muito forte.

Mas, para além dessas diferentes tendências, é visível que em termos de representação de eleitos nos órgãos políticos relevantes, a presença dos não nacionais ou de não nacionais naturalizados é muito desproporcional ao seu peso demográfico. Neste sentido, pode constatar-se o perigo de uma certa desilusão do eleitorado estrangeiro, a qual poderá vir a refletir--se em termos de uma queda da participação. Quanto às responsabilidades no envolvimento político dos estrangeiros, o papel dos partidos políticos, da administração pública e das associações ou organizações cívicas é fundamental. É visível o impacto positivo dos partidos políticos que procuram integrar eleitos estrangeiros nas suas listas, mas também os efeitos negativos de organizações partidárias sem sensibilidade e sem conhecimentos sobre a participação dos não nacionais. Coloca-se também o problema dos danos produzidos por um oportunismo político que procura votos sem garantir lugares elegíveis aos representantes políticos estrangeiros. Enquanto o caso finlandês ilustra bem as consequências de situações em que as autoridades públicas não desenvolvem políticas de informação e sensibilização dos direitos políticos, a situação na Irlanda mostra o papel que organizações da sociedade civil podem desenvolver nesse sentido. A esses fatores há que juntar os efeitos estruturais dos obstáculos legais ao acesso, tais como a duração de residência e a não automaticidade do recenseamento. Por fim, o grupo dos países da Europa de Leste e Central, que é caracterizado pela presença de partidos políticos associados a minorias étnicas e sistemas de representação específicos, serve para lembrar que os modelos de integração política são necessariamente adaptados à história das migrações e à particularidade das relações entre Estados limítrofes. Torna-se, assim, visível o valor das comparações entre diferentes tipos de situações no conjunto europeu, para o qual este estudo do caso português pretende fornecer um contributo.

4. PLANO GERAL DA IMIGRAÇÃO EM PORTUGAL

Clemens Zobel, Carlos Elias Barbosa, Giovanni Alegretti

Portugal tem uma longa trajetória enquanto país de emigração, a qual pode ser relatada desde o período das navegações em busca de novas experiências noutros pontos do mundo. As suas linhas migratórias, porém, estendem-se ao longo do tempo, com motivações, contextos e destinos muito diferentes. A emigração para o Brasil, até meados do século XX, representava a maioria dos fluxos portugueses (Rocha-Trindade, 1995; Serrão, 1977). Contudo, os fluxos para países da Europa Ocidental ou para a América do Norte vieram a marcar o período posterior à Segunda Guerra Mundial (Baganha, 1998). Também se registou um número considerável de pessoas que se dirigiram para os territórios outrora colonizados no continente africano, concretamente, até ao final da primeira metade do século XX. Atualmente, continua a haver uma forte emigração portuguesa para países como a Suíça, França, Alemanha e Estados Unidos da América, bem como novas perspetivas marcadas nos atuais países africanos independentes de língua oficial portuguesa, tais como Angola ou Moçambique.

Entretanto, nas décadas mais recentes, um conjunto de fatores tem vindo a contribuir para o registo da imigração em Portugal. A mudança de regime político em 1974, a independência das ex-colónias em África no início da segunda metade da década de 1970 e a integração portuguesa na economia europeia e no espaço Schengen impulsionaram fluxos migratórios consideráveis para um país como Portugal. Não se pode esquecer o fenómeno do retorno de cerca de meio milhão de pessoas que saíram dos territórios africanos, em especial de Moçambique e Angola, com destino a Portugal. Estima-se que, destes, 59% tenha nascido na antiga metrópole e os restantes 41% incluíam os seus descendentes, bem como pessoas de naturalidade das antigas colónias portuguesas (Baganha, 2005: 31; Pires *et al.*, 1984).

Com efeito, a emigração tem constituído, ao longo de séculos, um fator estrutural determinante na sociedade portuguesa. Nas últimas quatro décadas, em Portugal tem-se verificado uma relativa evolução da população estrangeira residente, passando assim a ser considerado como um país de imigração (Esteves, 1991), acolhendo grupos migrantes representados no seu território. De facto, pela sua posição de semiperiferia no sistema mundial ou como espaço intermédio entre as periferias e o centro (Santos, 1994), sugerindo a ideia de Portugal como um Sul para a Europa e um Norte para a África (Baganha, 2001), caracteriza-se como destino final dos migrantes ou plataforma redistributiva dos mesmos. Neste quadro, e em relação aos Estados-membros da União Europeia, essencialmente, Portugal vai servir como placa giratória que distribui mão-de-obra consoante a estrutura institucional em que opera, ocupando a Área Metropolitana de Lisboa o centro dessa mesma placa (Baganha, 2001). Contudo, a adesão de Portugal ao acordo Schengen obrigou o Estado português a reforçar a sua estrutura de política de imigração, com base num novo enquadramento jurídico das migrações.[3]

GRÁFICO 1 – Evolução da população estrangeira em Portugal

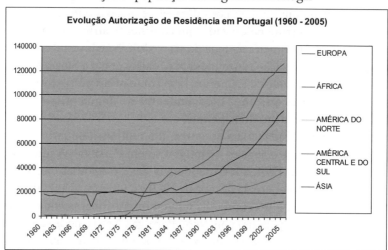

Fonte: INE (s/d); SEF – vários anos [<http://sefstat.sef.pt>] e dados não publicados

Como se pode verificar no Gráfico 1, a imigração em Portugal também é reveladora quanto às influências da globalização aliadas aos fatores históricos que vão intensificando os fluxos migratórios e novas redes de mobilidade. É bem visível o modo como a imigração contemporânea para Portugal

---

[3] Somente a partir do início dos anos 1990 é que a noção de "país de imigração" começa a ser assumida (Machado, 1997) e publicamente aceite pelo governo português (Marques e Santos, 2008: 56).

revela o seu crescimento de forma considerável já no decurso da década de 1970. Embora com uma composição diversificada em termos das origens neste período, destaca-se sobretudo a imigração de nacionais dos novos países independentes do continente africano. Porém, ainda na década de 1960, conforme o gráfico revela, a esmagadora maioria de estrangeiros residentes no território português era de origem europeia (cerca de 67%), seguida ainda de um grupo considerável de brasileiros (cerca de 22%) (ver ainda Esteves, 1991). Para além destes grupos, ainda na década de 1960 chegou a Portugal uma primeira leva de trabalhadores contratados do arquipélago de Cabo Verde (Malheiros e Vala, 2004: 1066; Góis, 2006: 208).[4] Praticamente, estes novos migrantes foram considerados os pioneiros de um movimento migratório em cadeia estabelecido a partir de Cabo Verde (França, 1992; Saint-Maurice, 1997) e que se tem mantido até à atualidade. Relativamente aos ex-territórios colonizados, particularmente no caso cabo-verdiano, verifica-se uma diferença considerável a nível legal, passando os migrantes e descendentes à condição de estrangeiros ilegais. De facto, no ano de 1981 a entrada em vigor do Decreto-Lei nº 264-B/81 passa a regulamentar a entrada, permanência e saída de estrangeiros no território português, e o Decreto-Lei nº 37/81, em especial, levou ao abandono do *jus solis* e à adoção do *jus sanguinis*. Consequentemente, devido à emergência destas normas, mudou o sistema de enquadramento jurídico sobre a entrada e permanência de cidadãos de outras nacionalidades no território nacional português.

A partir da segunda metade da década de 1970 e na década seguinte o número de imigrantes foi aumentando, diversificando-se a cadeia de entrada de estrangeiros no território português ao longo da década de 1990 e na primeira década do novo milénio. Com efeito, dois aspetos se destacam e merecem ser sublinhados: a) em primeiro lugar, a consolidação de grupos de imigrantes, essencialmente com origem nas antigas colónias portuguesas. Nota-se ainda que esses grupos ostentam uma forte concentração na Área Metropolitana de Lisboa; b) em segundo lugar, os novos grupos de imigrantes que começam a chegar a partir da década de 1990,

---

[4] Conforme análise do recenseamento geral da população em 1961, 40% dos 29 428 estrangeiros residentes eram espanhóis e 22% brasileiros. Mas é importante notar que até essa data os naturais dos ex-territórios colonizados por Portugal ainda não eram contabilizados como imigrantes (Góis, 2006: 202; Esteves, 1991: 20).

em particular com origem nos países da Europa do Leste e no Brasil (Malheiros e Vala, 2004: 1067).

Não se pode esquecer a importância dos fluxos migratórios do Brasil para Portugal. Particularmente, destacam-se dois ciclos: um primeiro, na década de 1980, com uma migração qualificada; um segundo, nos finais da década de 1990, que representa em grande escala uma imigração de cariz essencialmente laboral.[5] Nos primeiros anos do novo milénio, Portugal passa a conhecer uma súbita alteração do quadro de nacionalidades imigrantes representadas, o qual, até então, se encontrava caracterizado maioritariamente pelos países lusófonos (Baganha *et al.*, 2004: 95). Assim, verifica-se nesse período a entrada em território nacional de dezenas de milhar de imigrantes provenientes dos países do leste europeu, como a Ucrânia, a Moldávia e a Roménia, entre outros (Baganha *et al.*, 2004: 96).

A referência, em trabalhos de índole académica, relativamente à forte e antiga presença de imigrantes provenientes dos países da União Europeia, tem sido praticamente nula. Como se pode observar no Gráfico 1, a imigração europeia constituía o grupo maioritário de nacionais estrangeiros a residir em Portugal até à segunda metade da década de 1970. Esta imigração (particularmente de origem espanhola, inglesa, alemã e holandesa) direciona-se especialmente para as regiões do sul do país (com especial concentração nos distritos de Beja e do Algarve), as quais normalmente têm vindo a ser conotadas com o fenómeno de "um lugar ao sol" no quadro de uma "migração internacional de reforma" (Williams *et al.*, 1997). A desatenção verificada em relação a estas populações contraria a necessidade de haver uma preocupação com as suas implicações económicas, sociais, culturais e políticas no país de destino. De facto, esta ausência revela a importância política que é conferida ao fenómeno migratório, em especial, atendendo aos contextos geográfico e social de origem.

---

[5] Jorge Malheiros (2007: 11-37) apresenta o crescimento da imigração brasileira em Portugal, bem como as principais áreas geográficas da sua distribuição. Segundo os dados do Serviço de Estrangeiros e Fronteiras, os brasileiros representam o grupo maioritário, em 2008, com 106 961 imigrantes, isto é, 24% dos 440 227 estrangeiros inscritos no SEF.

QUADRO 5 – Estrangeiros residentes em Portugal por nacionalidades com direitos políticos

Nacionalidade/Ano	1997	2001	2005	2008
Reino Unido	12 342	14 957	18 942	15 371
Espanha	9 806	13 645	16 350	7 220
Alemanha	8 345	11 167	13 529	8 187
França	5 416	7 817	9 617	4 576
Holanda	3 149	4 460	5 637	4 360
UE Outros	6 985	9 690	12 395	45 017
Total UE[6]	**46 043**	**61 736**	**76 470**	**84 731**
Cabo Verde	39 789	49 845	57 041	51 353
Brasil	19 990	23 422	31 353	106 961
Outros	1 125	4 649	4 330	3 879
Total ER[7]	**60 904**	**77 916**	**92 724**	**162 193**
Soma UE+ER	**106 947**	**139 652**	**169 194**	**246 924**
Total Residentes	**175 263**	**223 997**	**276 460**	**440 277**

Fonte: SEF [<http://sefstat.sef.pt>] e dados não publicados

Ao virar do milénio, o crescimento da imigração para Portugal é significativo. Em 1997, eram portadores de estatuto de residente no território português 175 263 nacionais estrangeiros e em 2001 registou-se um aumento para 223 997 indivíduos. Nota-se, sobretudo, a grande diferença registada em relação ao número de nacionais brasileiros nos últimos anos, passando esta a ser a nacionalidade mais expressiva, representando cerca de 24% do total de imigrantes residentes em Portugal. Relativamente às outras nacionalidades, a ucraniana e a cabo-verdiana representam cerca de 12% e, a seguir, Angola, Roménia e Guiné-Bissau são os países com maior número de nacionais portadores do título de residência, com valores aproximados de 6% (SEF, 2008).

---

[6] União Europeia.
[7] Estrangeiros residentes com direitos políticos.

ACESSO FORMAL DOS IMIGRANTES AOS ESPAÇOS POLÍTICOS

QUADRO 6 – *Stock* de população estrangeira em Portugal em 2008 por distrito de residência

Distritos	*Stock* de Residentes	Prorrogação de vistos de longa duração	Total	%
Aveiro	14 133	82	14 215	3,23
Beja	4 875	385	5 260	1,19
Braga	9 279	57	9 336	2,12
Bragança	1 674	39	1 713	0,39
Castelo Branco	2 886	35	2 921	0,66
Coimbra	10 878	32	10 910	2,48
Évora	3 673	27	3 700	0,84
Faro	71 932	286	72 218	16,40
Guarda	1 818	1	1 819	0,41
Leiria	16 209	89	16 298	3,70
Lisboa	188 186	2 237	190 423	43,26
Portalegre	2 631	5	2 636	0,60
Porto	26 277	141	26 418	6,00
Santarém	13 215	421	13 636	3,10
Setúbal	48 444	341	48 785	11,08
Viana do Castelo	2 763	22	2 785	0,63
Vila Real	1 940	5	1 945	0,44
Viseu	4 562	19	4 581	1,04
Açores	3 503	10	3 513	0,80
Madeira	7 142	23	7 165	1,63
Total Nacional	**436 020**	**4 257**	**440 277**	**100,00**

Fonte: SEF (2011).

No que diz respeito à distribuição geográfica, a tendência verificada nos últimos anos é a de dispersão por todo o território nacional (em grande parte devido aos novos fluxos de imigração do leste europeu e do Brasil). Entretanto, verifica-se igualmente que existe uma forte concentração ao longo de todo o litoral e sul do país, com destaque para os distritos da Área Metropolitana de Lisboa (43%), bem como de Setúbal (11%) e de Faro (16%). Isto é, estes territórios têm constituído os principais polos de atracão das populações imigrantes. Particularmente, os originários dos PALOP tendem a fixar-se nestas regiões e em especial nos distritos da Área Metropolitana de Lisboa. Por outro lado, os estrangeiros europeus tendem a distribuir-se entre Faro, Beja, Lisboa e Porto, com especial incidência de ingleses, alemães e espanhóis. Com efeito, nestes distritos, onde se tem verificado maior influência desta imigração ao nível demográfico, o seu impacto também tem implicações registadas em outras áreas (social, económica, cultural e política).

5. QUADRO LEGAL DE PARTICIPAÇÃO POLÍTICA DOS IMIGRANTES EM PORTUGAL

Carlos Elias Barbosa

A Lei nº 50/96, de 4 de setembro, artigo 1º alínea b), atribui aos estrangeiros residentes em Portugal o direito à participação política com capacidade ativa e passiva nas eleições locais, isto é, confere o direito de votar e de ser eleito para os órgãos das Juntas de Freguesia e das Câmaras Municipais. Este facto deve ser considerado como o resultado de um longo processo político e como uma consequência do reconhecimento da importância da participação das populações migrantes no quadro da política local portuguesa.

Todavia, importa antes salientar que a própria Constituição Portuguesa já previa a participação política dos cidadãos estrangeiros com base nos designados "acordos de reciprocidade". O Artigo 15º da Constituição da República Portuguesa, nos seus parágrafos 3, 4 e 5, atribui aos estrangeiros residentes em Portugal a capacidade eleitoral ativa e passiva para os órgãos das autarquias locais. No parágrafo 3 destaca-se a especificidade em relação ao posicionamento pós-colonial do Estado português. Nos termos da lei e em condições de reciprocidade, com exceção do acesso aos cargos de Presidente da República, Presidente da Assembleia da República, Primeiro--Ministro, Presidentes dos tribunais supremos, bem como o serviço nas Forças Armadas e na carreira diplomática, aos cidadãos nacionais dos países de língua oficial portuguesa com residência permanente em Portugal são reconhecidos direitos genericamente não conferidos a estrangeiros. Isto é, aos nacionais dos países de língua oficial portuguesa podem ser atribuídos direitos que não sejam conferidos a outros estrangeiros, desde que essa atribuição se faça mediante uma convenção internacional de reciprocidade. Como resultado da condição de reciprocidade, até ao presente momento, entre os nacionais dos países membros da Comunidade dos Países de Língua Portuguesa (CPLP) residentes em Portugal, somente os cabo-verdianos e os brasileiros podem participar ao nível da política local.

A lei de 1996 mantém o argumento da determinação condicional da reciprocidade. Isto é, a sua reserva teria por base proporcionar, de igual modo, direitos políticos aos emigrantes portugueses. A estas disposições, perante a integração de Portugal no contexto da União Europeia, associa-se o parágrafo nº 1 do artigo 8º-B do Tratado de Maastricht, de 1992, da União Europeia.

Assim, «[q]ualquer cidadão da União residente num Estado-membro que não seja o da sua nacionalidade goza do direito de eleger e de ser eleito nas eleições municipais do Estado-membro de residência, nas mesmas condições que os nacionais desse Estado».

Deste modo, no contexto do universo político local português, gozam de capacidade eleitoral ativa para as autarquias locais os cidadãos dos Estados-Membros da União Europeia e também os cidadãos de países de língua oficial portuguesa que tenham residência legal há mais de dois anos, bem como outros cidadãos com residência legal em Portugal há mais de três anos. São elegíveis para os órgãos das autarquias locais, com capacidade eleitoral passiva, os cidadãos eleitores dos Estados-Membros da União Europeia e também os cidadãos eleitores dos países de língua oficial portuguesa que tenham residência há mais de quatro anos, assim como outros cidadãos eleitores com residência em Portugal há mais de cinco anos.

Desta forma, a Lei nº 50/96, sobre o recenseamento eleitoral, altera a Lei nº 69/78, de 3 de novembro (Lei do Recenseamento Eleitoral), e o Decreto-Lei nº 701-B/76, de 29 de setembro (Lei Eleitoral dos Órgãos das Autarquias Locais). A inscrição é promovida pelo eleitor de nacionalidade estrangeira na Junta de Freguesia do seu domicílio, identificando-se através do título de residência emitido pelo Serviço de Estrangeiros e Fronteiras (artº 27º, nº 3 da Lei do Recenseamento Eleitoral nº 13/99, de 22 de março, com as alterações introduzidas pela Lei nº 3/2002 e a Lei nº 5/2005), ou, subsidiariamente, mediante o passaporte no caso dos nacionais de países da União Europeia. Em conformidade com o artigo 6º da Lei nº 50/96, alíneas b), c) e d), o recenseamento em Portugal apresenta um teor de "voluntariedade" para os cidadãos eleitores nacionais dos países-membros da União Europeia, para os eleitores nacionais dos Países de Língua Oficial Portuguesa (CPLP) e para outros eleitores estrangeiros residentes em Portugal.

Atendendo à ideia central da reciprocidade, para as eleições de 1997 foi reconhecida a capacidade eleitoral ativa aos cidadãos: a) dos países-membros da União Europeia; b) do Brasil e de Cabo Verde; c) da Argentina, de Israel, da Noruega, do Peru e do Uruguai. Na mesma Declaração nº 2-A/97 (DR, 1997) em que se reconhece a capacidade eleitoral ativa acima referida, tornou-se público também que é reconhecida capacidade eleitoral passiva aos cidadãos: a) dos países-membros da União Europeia; b) do Brasil e de Cabo Verde; c) do Peru e do Uruguai. Em 2001, pela Declaração nº 10/2001 (DR, 2001), os cidadãos do Chile, da Estónia e da Venezuela passam a preencher as condições do exercício do direito de voto ao nível autárquico. Na Declaração 9/2005 (DR, 2005), é concedido o direito de participação ativa aos cidadãos islandeses. Contudo, a participação passiva fica restrita, desta vez, aos nacionais dos países-membros da União Europeia, aos brasileiros e aos cabo-verdianos. A Estónia passa a integrar, em 2005, o grupo de países-membros da União Europeia face ao alargamento em 2004 para 25 Estados-membros.[8]

Direitos políticos atribuídos aos não nacionais no quadro da CPLP
Torna-se fundamental o marco do reconhecimento dos direitos aos portugueses no Brasil e aos brasileiros em Portugal através da Convenção de Brasília, de setembro de 1971. A partir desta Convenção regista-se a exceção na base do acordo do estatuto especial de igualdade de deveres e direitos e de direitos políticos entre os dois países. Assim, traduz-se pela primeira vez o reconhecimento recíproco de direitos aos cidadãos dos dois países, distinguindo o estatuto de igualdade e o estatuto de direitos políticos. De acordo com o atual tratado de Amizade entre Portugal e Brasil, assinado em 2003, os cidadãos brasileiros com permanência em Portugal por um período superior a três anos, e que tenham requerido o estatuto de direitos políticos, passam a ter acesso ao voto nas eleições para a Assembleia da República, Assembleias Legislativas Regionais e Autarquias Locais. Mas, na verdade, nem todos os nacionais brasileiros são detentores deste estatuto. Os cidadãos brasileiros que apenas são detentores do título de residência ou do estatuto geral de igualdade de direitos e deveres apenas participam nas eleições autárquicas. Somente poderão participar nos outros níveis a partir do momento em que, na base desse mesmo acordo, passarem a ser detentores dos direitos políticos. Este estatuto representa, assim, as relações existentes entre o Estado brasileiro e o Estado português, mas revela igualmente a intervenção política de líderes associativos ou de políticos de cariz transnacional.

Cabo Verde e Portugal têm um papel relevante neste âmbito da concessão de direitos políticos aos não nacionais entre os países da CPLP. Os

---

[8] Chipre, Eslováquia, Eslovénia, Estónia, Hungria, Letónia, Lituânia, Malta, Polónia e República Checa são os novos Estados-membros e cujos cidadãos passaram a ter direito de votar e de serem eleitos para os órgãos municipais e das Juntas de Freguesia em Portugal.

nacionais residentes em ambos os países têm direitos políticos direcionados na base da reciprocidade (art² 15², n² 4 da Constituição da República Portuguesa) e sem exigência de reciprocidade (art² 24², n² 4 da Constituição da República de Cabo Verde). A especificidade da relação entre Cabo Verde e Portugal torna-se ainda mais significativa quando comparada com o caso de Moçambique, país onde também se efetuam eleições locais. Note-se que entre os restantes Países Africanos de Língua Oficial Portuguesa (PALOP) ainda não se efetuam eleições autárquicas. Em relação à questão pós-colonial, o caso moçambicano representa um exemplo inverso da posição estratégica cabo-verdiana. Não há nenhum dispositivo constitucional estabelecendo a reciprocidade entre portugueses e moçambicanos no âmbito dos direitos políticos. Esta ausência pode ser interpretada como a expressão de um problema de identificação das elites migrantes moçambicanas em relação ao seu país de origem e de acolhimento. Os trabalhos de Sheila Khan (2006) apontam para esta situação, onde os migrantes como que ficam sem "lugar", para utilizar a sua expressão, em ambas as sociedades. Consequentemente, não se vem a verificar o desenvolvimento de ações políticas transnacionais. Esta ausência de formas de reciprocidade é provavelmente também atribuível à posição de uma classe política moçambicana, que, influenciada pela herança da luta anticolonial sob a direção da Frente de Libertação de Moçambique (FRELIMO), partido ainda no poder, tem vindo a manter uma certa distância em relação a Portugal.

O contexto angolano vem revelando alguma atenção sobre o controlo da imigração: revela, deste modo, uma certa abertura no que diz respeito ao exercício do direito de reunião e de manifestação, de acordo com o disposto na lei (art² 6²). Contudo, no que tange aos direitos políticos, o cidadão estrangeiro não pode exercer qualquer atividade de natureza política não autorizada por Lei, nem imiscuir-se direta ou indiretamente nos assuntos políticos (art² 10²).

O n² 3 do art² 17² da Constituição da República de São Tomé e Príncipe, por sua vez, coloca a possibilidade de conceder capacidade eleitoral ativa e passiva nas eleições locais na base da reciprocidade. Mas até este momento, não havendo qualquer espécie de registo de aplicação sobre a participação de não nacionais no país, este facto acarreta como consequência a não atribuição dos mesmos direitos aos santomenses residentes em território português.

De modo a ficar-se com uma melhor compreensão dos direitos políticos atribuídos aos não nacionais em cada um dos países-membros da CPLP, veja-se o Quadro 7, que ilustra as relações bilaterais/multilaterais estabelecidas a este nível no artº 3º da Convenção Quadro Cidadania.

QUADRO 7 – Direitos Políticos na CPLP[9]

Países	Direitos Políticos bilateral/multilateral (artº 3º) Convenção Quadro Cidadania
Angola	Lei nº 2/07, regime jurídico de estrangeiros (artº 6º) direito de reunião e de manifestação.
Brasil	Tratado de Amizade, Cooperação e Consulta.
Cabo Verde	Estatuto de cidadão Lusófono (artº 3º, nº 1 e nº 2.
Guiné-Bissau	Estatuto de cidadão Lusófono (artº 3º, nº 1 e nº 2.
Moçambique	
Portugal	Constituição, artº 15º, nºs 3, 4 e 5; Tratado de Amizade, Cooperação e Consulta.
São Tomé e Príncipe	Constituição, artº 17º, nº 3, possibilidade de conceder capacidade eleitoral ativa e passiva nas eleições locais na base da reciprocidade.
Timor-Leste	

Como se pode verificar no Quadro 7, até este momento somente Brasil, Cabo Verde, Portugal, Guiné-Bissau e São Tomé e Príncipe reconhecem os direitos políticos aos nacionais dos outros Estados-Membros da CPLP. Entretanto, no caso dos guineenses, na sequência do reconhecimento da figura do "cidadão lusófono", espera-se o alargamento dos direitos políticos aos nacionais deste país em Portugal, bem como no caso santomense, em que, apesar do previsto na lei, não foi possível a concretização da reciprocidade por ainda não se efetuarem eleições locais naquele país. Fica assim destacado o panorama da participação, que, até este momento, apresenta apenas os cabo-verdianos e os brasileiros residentes em Portugal

---

[9] Sobre os Direitos de Cidadania na CPLP ver José Leitão (s/d), *Estudo Sobre a Cidadania e Circulação no Espaço da CPLP* [disponível em linha em: <http://www.cplp.org/Files/Filer/cplp/cidCirc/Binder1.pdf>, acedido a 3 de setembro de 2009]. Ver ainda um outro estudo sobre a Cidadania Lusófona, de Wladimir Brito (2004), que trabalha o tema "Cidadania Transnacional ou Nacionalidade Lusófona?"

como detentores da capacidade eleitoral ativa e passiva ao nível da política local portuguesa.

Entretanto, importa destacar a vontade da classe política portuguesa em reafirmar as ligações privilegiadas com as ex-colónias no âmbito de uma "cidadania lusófona", bem visível, por exemplo, no âmbito da discriminação positiva em relação à duração mínima de permanência no território. Mas esta vontade, como se viu, mantém-se limitada pela aplicação do princípio da reciprocidade. Procurando preservar os interesses dos nacionais portugueses residentes no estrangeiro, esta ideia reflete a importância contínua de um padrão nacional. Ao mesmo tempo, como é ilustrado pelo caso brasileiro e pelo cabo-verdiano, os direitos políticos dos imigrantes em Portugal também revelam a intervenção de políticos a nível transnacional e das decisões políticas dos governos nos países de origem. Particularmente, o caso cabo-verdiano é demonstrativo nesse sentido, pelas estratégias de ações transnacionais exercidas e que também revelam uma forte mobilidade no seio do associativismo. O percurso político e a atuação do atual Embaixador da República de Cabo Verde em Lisboa confirmam este facto. A sua mobilização representa uma ação política transnacional, fazendo com que houvesse uma especial atenção na revisão constitucional em Cabo Verde no sentido de abertura: a) ao nível do acordo de reciprocidade, perspetivando a participação dos cabo-verdianos no exterior, especialmente nas eleições locais portuguesas; b) e numa perspetiva territorial mais alargada da nação cabo-verdiana.

Do lado do Brasil, o Tratado de Amizade, Cooperação e Consulta representa também uma relação com as influências políticas procedentes dos grupos migrantes no sentido de criar canais de representação junto do governo do país de origem, como interlocutores junto do Estado (Chelius, 2007: 212), conseguindo estimular programas, estratégias e projetos dirigidos aos grupos no estrangeiro. É, de novo, de destacar o marco fundamental no reconhecimento dos direitos aos portugueses no Brasil e aos brasileiros em Portugal através da Convenção de Brasília, de setembro de 1971. Assim, de acordo com o atual tratado de Amizade entre Portugal e Brasil, assinado entre os dois governos em 2003, os cidadãos brasileiros com permanência em Portugal por um período superior a três anos, e que tenham requerido o estatuto de direitos políticos, passam a ter acesso ao voto nas eleições da Assembleia da República, Assembleias Legislativas Regionais e Autarquias Locais.

6. LIMITES À PARTICIPAÇÃO POLÍTICA FORMAL E ESPAÇOS ALTERNATIVOS DE PARTICIPAÇÃO CÍVICA

Giovanni Alegretti, Clemens Zobel, Carlos Elias Barbosa

Vários são os fatores que se entrecruzam, influenciando uma inserção residual da população migrante no âmbito da política local portuguesa. Em primeiro lugar, há que ter em consideração que em Portugal, assim como na maioria dos países europeus, a participação política imigrante foi durante muitos anos uma questão tradicionalmente ausente. A consagração de direitos políticos aos imigrantes residentes nos países "normalmente" considerados de imigração (especialmente em muitos dos países da União Europeia) constituiu durante muito tempo um tema desconsiderado. Isto é, não era suposto, por variadas razões que adiante se apreciarão, que os migrantes participassem ativamente na política do país de destino migratório. Numa leitura tradicional, o imigrante não era visto como alguém politicamente ativo mas, sim, apenas como peça de uma força laboral (Martiniello, 2006a: 83). Deste modo, a imigração tem vindo a ser maioritariamente conotada com uma relação meramente económica, fortemente estruturada pela dependência hierárquica estabelecida pela divisão internacional do trabalho (Petras, 1981). No entanto, nas últimas duas décadas têm-se verificado algumas mudanças relativas a este tema, tanto no campo académico como no campo político, integrando a discussão numa vertente de dimensão política, onde emergem os vetores da mobilização, da participação e da representação imigrante (Martiniello, 2006a).

No domínio da participação formal dos imigrantes no contexto da política local em Portugal, as referências quanto ao exercício dos direitos políticos (votar e ser eleito), apresentam-se com maior frequência quando se trata de cidadãos detentores da nacionalidade portuguesa. Ainda assim, verifica-se alguma participação no contexto das autarquias locais, quando são imigrantes titulares de autorização de residência, à semelhança de outros estrangeiros nacionais de países abrangidos pelo acordo de reciprocidade com o Estado Português.[10]

---

[10] Entretanto, consideramos que há um grau de indeterminação considerável a esse nível. Primeiramente, porque o número de recenseados fica aquém da dimensão da população imigrante

ACESSO FORMAL DOS IMIGRANTES AOS ESPAÇOS POLÍTICOS

Os níveis de registo para a participação eleitoral de nacionais estrangeiros têm sido relativamente baixos (Marques *et al.*, 1999b: 24-25; Baganha *et al.* 2000: 61; Zobel e Barbosa, 2009) desde a aprovação da Lei nº 50/96, de 4 de setembro, a qual, no seu artigo 1º, alínea b), atribuiu aos estrangeiros residentes em Portugal o direito à participação política com capacidade ativa e passiva nas eleições locais, isto é, como já atrás foi explicitado, o direito de votar e de ser eleito para os órgãos das Juntas de Freguesia e das Câmaras Municipais. Entretanto, este facto deve ser considerado como resultado de um processo político algo moroso e como consequência do reconhecimento da importância da participação das populações migrantes no quadro da política local portuguesa. A lei de 1996 mantém o argumento da determinação condicional da reciprocidade. Isto é, a sua reserva teria por base proporcionar, de igual modo, direitos políticos aos emigrantes portugueses. O Estado cabo-verdiano, por razões que se podem entrever, tomou imediatamente uma posição que se pode designar como de vanguarda nesse campo, especialmente em relação aos restantes países com uma ligação histórica ao passado colonial português.

Com efeito, Cabo Verde é o único país dos PALOP cujos nacionais podem votar e ser eleitos no âmbito das autarquias e freguesias portuguesas. Entretanto, convém sublinhar que a disposição legal sobre o recenseamento eleitoral em Portugal apresenta um outro limite quanto ao acesso aos direitos políticos, uma vez que assume apenas uma esfera abrangendo os migrantes com autorização de residência, com um período de estadia superior a dois ou três anos no caso dos direitos ativos e de quatro ou cinco anos no caso de direitos passivos.[11] Contudo, a disposição legal sobre o recensea-

---

residente em Portugal. Em segundo lugar, porque não é possível ter dados concretos em relação ao exercício do direito de voto por parte dos imigrantes (contudo, procurámos ter alguma compreensão sobre o comportamento político dos imigrantes ao nível local através dos resultados do nosso questionário). Por fim, constatámos ao longo do nosso estudo que há um grande desconhecimento relativamente aos direitos políticos no seio da população imigrante.

[11] No contexto da política local portuguesa, gozam de capacidade eleitoral ativa para as autarquias locais os nacionais dos Estados-Membros da União Europeia e os nacionais de países de língua oficial portuguesa com residência legal há mais de dois anos, bem como outros cidadãos com residência legal em Portugal há mais de três anos. São elegíveis para os órgãos das autarquias locais, com capacidade eleitoral passiva, os cidadãos eleitores dos Estados-Membros da União Europeia e os cidadãos eleitores dos países de língua oficial portuguesa com residência há mais de quatro anos, e outros cidadãos eleitores com residência em Portugal há mais de cinco anos (cf. Capítulo 5).

mento eleitoral não escapa a determinadas restrições quanto ao acesso aos direitos políticos a uma larga percentagem da população imigrada em Portugal, como é possível deduzir através da Figura 1.

FIGURA 1 – Os limites de acesso de estrangeiros residentes aos direitos políticos em Portugal

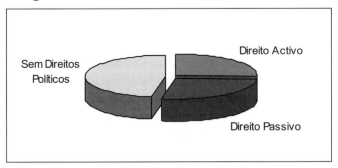

Assim, a inserção dos imigrantes na política local portuguesa ostenta limites perante as condições de reciprocidade e do estatuto legal, assim como perante o tempo de permanência no território português.

Estes aspetos contribuem para alargar o panorama daqueles que não são abrangidos pelos direitos políticos. Em termos legais, todos os nacionais de países que não se encontram abarcados por um acordo de reciprocidade com Portugal estão excluídos do direito de voto e de elegibilidade nas eleições locais. Com efeito, no âmbito da CPLP, como foi referido, somente os cabo-verdianos e os brasileiros se encontram, por essa via, capacitados a participar na política local. Pelas mesmas razões, a grande maioria das nacionalidades representadas no quadro da imigração em Portugal não se encontra abrangida. Assim, a Figura 1 resume o quadro das restrições que enfraquecem consideravelmente o peso político do voto imigrante. Consequentemente, a larga maioria de nacionais estrangeiros a residir no território português não tem acesso à participação na política local. Estamos a falar principalmente de nacionalidades representadas com um grande peso no quadro geral da imigração em Portugal (e.g., Angola, Guiné-Bissau, Moçambique, São Tomé e Príncipe, Bulgária, Roménia, Ucrânia, China, etc.). Se se consultar de novo o Quadro 5 do Capítulo 4, confirma-se que a população imigrante potencialmente apta para participar nas eleições locais em Portugal tem sido sempre muito inferior ao total dos não nacionais residentes no país.

No contexto da participação eleitoral dos não nacionais em Portugal após 1996, deve considerar-se também o caráter legal do recenseamento com base voluntária, constituindo-se este num dos obstáculos centrais à inserção política dos imigrantes. Como fator agravante desta situação, assinale-se que há uma insuficiência de informação sobre o direito de voto. Assim, apesar das campanhas desenvolvidas no âmbito do associativismo imigrante, sobretudo por intermédio das associações localizadas na Área Metropolitana de Lisboa (AML) e com o suporte do Alto Comissariado para a Imigração e Diálogo Intercultural (ACIDI) e do Secretariado Técnico dos Assuntos para o Processo Eleitoral (STAPE), ainda hoje muitos imigrantes residentes em Portugal não têm um conhecimento mínimo sobre os seus direitos de participação na política local. Com base no questionário realizado, apenas 53% dos inquiridos revelaram ter conhecimento da lei sobre o recenseamento eleitoral. É considerável o facto de ainda assim uma grande percentagem do nosso universo não ter nenhuma informação sobre os seus direitos políticos. Ao questionar-se através de que meio os inquiridos obtiveram conhecimento sobre os direitos políticos (Quadro 8), obtiveram-se cerca de 29% de respostas apontando para os amigos e vizinhos. Se se somar os cerca de 14% que se referem aos familiares, pode concluir-se que a informação sobre os direitos políticos passa sobretudo por meios informais e muito pouco através das instituições formais como as Embaixadas ou Consulados e as Juntas de Freguesia.

Segundo a opinião dos dirigentes associativos entrevistados no âmbito deste trabalho, a tarefa de mobilização e de sensibilização dos imigrantes para o recenseamento poderá apresentar-se como um trabalho de mentalização. Contudo, conforme as próprias associações de imigrantes revelam em relação às medidas de sensibilização direcionadas para o recenseamento eleitoral dos imigrantes com Título de Residência (TR) em Portugal, este é um trabalho que tem vindo a carecer de um desempenho abrangente e contínuo. Por outro lado, uma questão que igualmente se destaca diz respeito ao interesse e ao cumprimento do papel das Juntas de Freguesia em todo este processo.

QUADRO 8 – De que forma teve conhecimento do direito de voto atribuído aos imigrantes?

	N	%
Através da Embaixada/ Consulado	25	7,4%
Através de associações em Portugal	24	7,1%
Através da Junta de Freguesia	45	13,4%
Através de campanhas de divulgação (TV, Rádio...)	65	19,3%
Através de amigos e vizinhos	97	28,8%
Através de familiares	47	13,9%
Em campanhas eleitorais	34	10,1%
Total		100,0%

Pode ainda questionar-se se a fraca participação e a débil representação política dos grupos migrantes se prende também com fatores de natureza social, económica e política. Dos resultados do conjunto das entrevistas realizadas, verificam-se alusões em relação ao modelo vigente de oportunidades políticas, ao fraco conhecimento dos processos de decisão política, bem como às dificuldades económicas e condições de vida, muito especialmente no conjunto das populações de origem africana. Como nota agravante, é de frisar que grande parte da população oriunda dos PALOP habita os bairros segregados e apresenta baixos índices de educação formal. Com efeito, regista-se, deste modo, como que uma interiorização de um estatuto de marginalização que tende a inibir um envolvimento político ativo. Não é de estranhar que as justificações fornecidas sobre o não recenseamento dos inquiridos, também decorrentes dos resultados do questionário utilizado, tenham variado entre o não estarem informados e não terem muito interesse pelas questões políticas, bem como pela referência à falta de oportunidade e ausência de condições. Essas condições, que limitam as oportunidades de participação, justificam-se pelo modo de vida das pessoas e pelas obrigações decorrentes da satisfação das necessidades primárias das famílias, as quais impelem muitos imigrantes a ausentar-se da esfera política formal.

Ao nível de uma cultura política consolidada, Nardy Sousa (2001) sugere, no caso dos imigrantes dos PALOP, que o passado colonial e a inexistência de uma tradição de ativismo político e de mobilização coletiva no seio das camadas mais desfavorecidas destes grupos constituem elementos que nos poderão ajudar a perceber um comportamento político formal menos ativo.

No entanto, a questão da ausência participativa dos imigrantes na estrutura política local portuguesa também pode estar relacionada com outros dois aspetos a ter em conta: a) o primeiro diz respeito às políticas de imigração implementadas em Portugal e que, de certo modo, não deixam de apontar para uma perspetiva de retorno, expulsão e controlo das fronteiras, reforçando uma certa ideia de homogeneidade interna, o que se poderá refletir no desinteresse pela participação política e cívica. Neste sentido, Dhooleka Raj (2003) aponta para o caráter da reinscrição do imigrante em identificações fixadas no tempo e no espaço. Com efeito, a autora levanta interrogações sobre a noção de "pertença" quando ela assume a alteridade enquanto evidência da hipótese do retorno. Para Dhooleka Raj (2003: 201), a implicação presente em questões como "de onde é que você realmente é?" evidencia essa expressão de pertença. Então a ideia por detrás da pergunta é: "quando é que você vai voltar?" Assim, as ideias ligadas à categoria da nacionalidade, como a língua, religião, território e sangue, confrontam-se continuamente com a dualidade pertença/integração ou então por um antagonismo entre a exclusão e a aproximação inclusivista; b) o segundo aspeto tem que ver com uma possível ausência de reconhecimento político ou da criação de laços de identificação por parte dos partidos políticos, ou através da criação de atitudes de proximidade como forma de permitir que os imigrantes participem. Neste sentido, o âmbito pode ser alargado a todos os grupos migrantes representados em Portugal, inclusivamente aos cidadãos dos países da União Europeia. Entretanto, através de uma conexão com a memória do passado colonial, poderá haver uma certa influência no sentido da não legitimidade da presença real dos cidadãos dos PALOP nos espaços públicos, à coesão social e integração política.[12]

---

[12] Para uma discussão pós-colonial sobre modos de legitimação diferenciados na imigração cabo-verdiana em Portugal, cf. Saint-Maurice, 1997; Batalha, 2004. Ainda sobre uma leitura do cidadão súbdito como legado colonial (Mamdani, 1996), Ramon Sarró e José Mapril (2009) postulam a sua extensão para o contexto da cidadania europeia perante o seu encerramento produzido face a outros grupos (Brubaker, 2001).

Falando especificamente dos cabo-verdianos residentes no território português, como é que se pode explicar o nível de mobilização para a participação na política formal no contexto local português? Uma das ideias que logo de início é indiciada quando se coloca essa questão demonstra que o incentivo a uma participação ativa assenta na noção de que é primordial a estabilidade do imigrante e a sua inserção na sociedade de destino. Na verdade, o facto de haver um nível muito baixo de informação sobre direitos políticos associado à noção do direito de voto ao residente nacional cria uma condição propícia à não inserção nos espaços de participação política formal. Pela sua componente normativa, a aquisição da nacionalidade do país de residência revela-se como um instrumento de fuga à condição de "imigrante", bem como de garante da obtenção de prerrogativas futuras. Portanto, não tanto como um indicador de participação. Com efeito, o exercício de direitos políticos constitui-se como um fator de índole secundária, embora o processo migratório e as condições de inserção no país de destino possam sugerir outras configurações na nossa análise (por exemplo, o fluxo ocorrido de cabo-verdianos para Portugal após a independências das ex-colónias em África, conservando a nacionalidade portuguesa e ocupando cargos na função pública em Portugal).

Mas não podemos restringir-nos a esses factos como fatores de registo de limite à inserção na política no país de destino. É também muito comum a afirmação relativamente ao desinteresse ou uma atitude passiva como consequência do descrédito político. Na verdade, este tem sido um facto generalizável e não se prende apenas a uma atitude por parte dos grupos migrantes. Em resposta ao questionário sobre as razões da fraca participação na política formal por parte dos imigrantes, para além de a esmagadora maioria (74%) mais uma vez ter respondido que os imigrantes não conhecem os direitos políticos, argumentam, por outro lado: a) que há um descrédito pela política cada vez mais generalizado (29%); b) que falta quem represente os reais interesses dos grupos migrantes (30%).

O projeto migratório pode revelar modos diferenciados de intervenção perante as perspetivas de curta/longa permanência. Assim, convém destacar as dinâmicas migratórias em Portugal (Baganha, 2001) que relançam a análise sobre as atuais características das migrações. Maria Ioannis Baganha sugeriu, como foi referido, que Portugal deverá ser percecionado como uma placa giratória que distribui mão-de-obra consoante a estrutura institucional em que opera no quadro da UE, e a AML como o centro dessa placa (Baganha, 2001: 147). Este é um quadro que poderá relegar a participação formal na política local portuguesa para um plano não convencional de participação política ou então alargar o seu âmbito para um nível transnacional. Uma vez mais, destaca-se o caráter instrumental da aquisição do estatuto de residente bem como o estatuto da nacionalidade por naturalização. Um outro aspeto vem na sequência da relação entre a participação política formal e a concentração/dispersão geográfica de determinados grupos migrantes no território português. Neste sentido, os cabo-verdianos, para além de constituírem um dos grupos migrantes mais antigos em Portugal, têm a particularidade de apresentar uma grande concentração demográfica, sobretudo nos distritos de Lisboa e Setúbal. Por conseguinte, estes factos terão favorecido uma maior intervenção dos seus líderes e representantes associativos na mobilização das populações para o recenseamento eleitoral, assim como terão providenciado um número consideravelmente superior de cabo-verdianos inscritos em relação a outros grupos migrantes com direitos políticos em Portugal. Analisam-se de seguida esses dados sobre o recenseamento eleitoral dos imigrantes em Portugal.

Recenseamento eleitoral

De um modo generalizado, pode afirmar-se que entre 1997, o primeiro período eleitoral em que os imigrantes nacionais dos países abrangidos pelos acordos de reciprocidade puderam participar, e as últimas eleições autárquicas de 2009 não se registou uma qualquer mudança fundamental no que diz respeito aos não nacionais inscritos para a participação nas eleições locais. Este número pode parecer algo insignificante em relação ao peso demográfico dos imigrantes em determinados municípios. No entanto, a participação dos imigrantes em Portugal denota registos muito díspares entre as nacionalidades relevantes, como se pode verificar no Quadro 9.

QUADRO 9 – Estrangeiros recenseados para eleições locais, por nacionalidade

Ano	1997		2001		2005		2009	
Nacionalidade	Inscritos	%	Inscritos	%	Inscritos	%	Inscritos	%
Reino Unido			1 206	5,85	2 142	7,66	2 689	9,98
Espanha			1 237	6,01	1 778	6,36	1 898	7,05
Alemanha			1 001	4,86	1 653	5,91	2 034	7,55
França			581	2,82	1 012	3,62	1 164	4,32
Holanda			467	2,27	831	2,97	1 084	4,02
UE Outros			841	4,08	1 350	4,83	2 023	7,51
Total UE	**3 156**	**21,67**	**5 333**	**25,89**	**8 766**	**31,35**	**10 892**	**40,44**
Cabo Verde			13 732	66,65	16 607	59,4	12 240	45,45
Brasil			1 445	7,01	2 228	7,97	3 503	13,01
Outros			92	0,45	357	1,28	297	1,10
Total ER*	**11 410**	**78,33**	**15 269**	**74,11**	**19 192**	**68,65**	**16 040**	**59,56**
Soma UE+ER*	**14 566**	**100,00**	**20 602**	**100,00**	**27 958**	**100,00**	**26 932**	**100,00**

* ER – Estrangeiros Residentes com direitos políticos
Fonte: DGAI (2011): Datas de referência 11/1997; 07/2001; 11/2005; 10/2009

Os cabo-verdianos e os brasileiros constituem-se como os mais representativos no conjunto das nacionalidades com direitos políticos. Destaca-se, nomeadamente, a diferença considerável entre o número de cabo-verdianos e o das restantes nacionalidades. A população residente de origem cabo-verdiana representou até ao período eleitoral de 2005 mais de metade do total de inscritos. Os resultados do recenseamento de 1997 apontam para cerca de 78% (11 410) o número de Estrangeiros Residentes inscritos. Presume-se pelo desenvolvimento do processo na altura que os cabo-verdianos representavam uma larga maioria dos inscritos. Em 2001, o valor relativamente aos cabo-verdianos inscritos representava perto dos 67% (13 732). Entretanto, nos anos de 2005 e 2009, o valor percentual de cabo-verdianos inscritos diminuiu consideravelmente para, respetivamente, cerca de 59% (ainda que correspondendo ao valor máximo registado de inscritos desta nacionalidade – 16 607) e 45% (correspondente a 12 240 inscritos). Tal facto leva-nos a considerar ter havido um aumento significativo do número de naturalizações por parte de imigrantes de origem cabo-verdiana logo após a entrada em vigor, a 15 de dezembro de 2006, da lei referente à nacionalidade portuguesa. Contudo, não se deve esquecer a importância do aumento contínuo do número de inscritos de nacionais dos países-membros da União Europeia e dos nacionais brasileiros.

ACESSO FORMAL DOS IMIGRANTES AOS ESPAÇOS POLÍTICOS

Em 2001, os brasileiros representavam apenas 7% (1445) dos inscritos e os espanhóis 6% (1237). Em 2005, verifica-se um aumento do número de brasileiros recenseados, passando a representar 8% (2228) do total de estrangeiros inscritos, e, em 2009, passam a representar cerca de 13% (3503) desse total. É notória a contínua alteração que se dá pelo lado dos países da União Europeia. Embora com uma relativa proximidade no índice de crescimento do número de inscritos de nacionais dos países-membros da União Europeia, é de realçar o aumento do número de inscritos de nacionalidade inglesa, os quais, no ano de 2009, já atingiam um valor aproximado aos 10% (2689) do total de inscritos.

GRÁFICO 2 – Inscritos segundo a nacionalidade

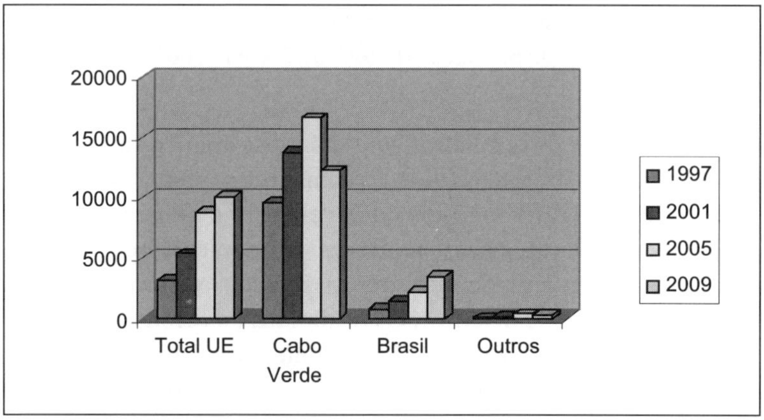

Fonte: DGAI (2011): Datas de referência 11/1997; 07/2001; 11/2005; 10/2009

Relativamente aos brasileiros, quais serão os fatores que podem conduzir a uma explicação sobre um número tão restrito de inscritos, considerando o peso demográfico no total de estrangeiros a residir no território português? Uma primeira hipótese constitui-se tendo em conta o projeto migratório ou as perspetivas de permanência em Portugal por um período longo ou indeterminado. A distribuição dos títulos legais por cada nacionalidade pode ser considerada como um indicador desses planos, individuais ou familiares. Um outro fator possível de se relacionar com o nível da participação política formal prende-se com a fixação e com a concentração/ /dispersão geográfica de determinados grupos migrantes no território português. Neste sentido, os cabo-verdianos, como referido, têm a particularidade de ser um dos grupos mais antigos e de apresentarem uma grande concentração demográfica nos distritos de Lisboa e Setúbal. Inversamente, os cidadãos brasileiros encontram-se mais dispersos por todo o território português. A relativa concentração geográfica dos cidadãos cabo-verdianos e a sua presença ao longo de décadas no território português terão favorecido uma maior mobilização no sentido da consciencialização, para além dos fatores mencionados referentes ao papel e à ação desempenhados pelos seus dirigentes associativos, académicos e políticos transnacionais. De facto, apesar de um percurso democrático relativamente curto em Cabo Verde, as evidências em relação ao processo da formação do Estado cabo-verdiano apontam para uma carga simbólica do envolvimento da sua emigração, tanto no movimento de luta pela independência em 1975, como na mobilização concorrente à abertura política ao sistema multipartidário no decurso de 1991.

A população cabo-verdiana tem-se apresentado, desde 1997, com uma larga maioria dos recenseados com nacionalidade estrangeira. Pode concluir-se, em primeiro lugar, que o acesso à participação política depende das estruturas de oportunidades criadas (Martiniello, 1998, 2006b), enquanto resultado de mecanismos desencadeados quer no país onde os migrantes residem, quer no país de origem. Apesar da questão que se coloca em relação à capacidade limitada de mobilização por parte das associações, encontram-se pelo menos outros três fatores que parecem justificar um fraco número de recenseados não nacionais: (i) a ineficácia dos dispositivos de informação oficiais, que concerne, sobretudo, ao papel dos centros locais de informação do ACIDI, bem como das Juntas de Freguesia; (ii) uma atitude indolente por parte dos partidos políticos; e (iii) o entendimento diferenciado dos políticos e das instituições locais face aos cidadãos.

Contudo, o aproveitamento efetivo do direito de voto poderá apontar para uma maior participação política, ou para práticas que revelam outras modalidades, por vezes críticas, de intervenção na sociedade de destino. Aqui, levantam-se três pontos fundamentais na nossa análise sobre o quadro do comportamento político dos grupos migrantes em Portugal: a) o primeiro postula uma posição de retaguarda, realçando a expectativa de melhores condições e de futuras oportunidades de participação; b) o segundo está relacionado com os exemplos de participação, como um ideal mais efetivo ligado a estruturas informais e a modos de reivindicação, protestos, gestão de *lobbies,* etc.; c) o terceiro ponto regista a hipótese de uma maior predisposição por parte dos imigrantes em participar em organizações de interesses através da formação de associações, de ações transnacionais, de congregações religiosas, etc.

Com efeito, a construção problemática de uma nova forma de participação eleitoral ilustra, de certo modo, um desmoronamento entre a teoria e a prática de uma conceção efetiva da integração e participação dos estrangeiros. Pode perguntar-se qual a razão de um número tão reduzido de inscritos dos cidadãos nacionais de países com capacidade política ativa. Significa isso um desperdício dos potenciais eleitores? Entretanto, os dados apresentados não são indicadores da participação formal uma vez que não dispomos da informação sobre o exercício efetivo do direito político. São, neste caso, imperfeitos para se compreender o enquadramento cívico e político dos indivíduos. Inversamente, um valor alargado do número dos não inscritos e a não participação podem ser interpretados como um comportamento de compromisso em relação a outras esferas de ação (e.g., associativismo, sindicato, ações humanitárias, solidariedade, etc.) ou por uma mera opção política. Segundo Alberto Cordeiro (2004: 2), a propósito da participação política dos portugueses em França, determinadas ações expressam que alguém pode ser um cidadão ativo apesar de não votar. Assinala-se aqui o facto de os imigrantes com título de residente em Portugal, mas excluídos do direito político, poderem, no entanto, assumir comportamentos e ações cívicas através de outros mecanismos de politização. Uma posição muito firme e clara a esse propósito ficou destacada na entrevista com o líder da associação Khapaz, em Arrentela, descrevendo a sua atuação da seguinte forma:

> Eu não acredito somente no voto. Eu acredito que há uma rede democrática e há também uma rede de pressão constante sobre a democracia. [...] No mesmo sentido onde se inscreve a nossa luta antirracista, anticapitalista, a nossa luta antimachista e anti-homofóbica, porque são várias faces de uma mesma luta. É neste sentido que a associação tem crescido... Temos de efetivar essa luta.[13]

---

[13] Entrevista nº 37, realizada no Seixal, a 26 de novembro de 2009.

Um dos dirigentes da Casa do Brasil de Lisboa relembra, no entanto, a alta taxa de abstenção,[14] comparativamente com o caso das eleições no Brasil, bem como a distância existente com o mundo dos políticos.[15] Deste modo, podemos avançar com o registo que já tem sido efetuado no contexto de algumas entrevistas realizadas no sentido de que a baixa taxa de inscrição dos imigrantes pode ter uma correlação com a taxa de abstenção dos eleitores nacionais, considerando o acentuado e generalizado descrédito em relação à classe política e à eficácia das ações políticas.

Assim, a estrutura política portuguesa aparenta fatores que poderão levar a população imigrante a ter uma visão de um quadro improdutivo de reivindicação e de participação ao nível formal. Nesse sentido, Rainer Bauböck (1998: 17), no decurso da sua discussão sobre os efeitos da migração internacional sobre as fronteiras políticas das sociedades modernas industrializadas, considera três tipos de limites: a) os limites territoriais do Estado; b) as fronteiras políticas, isto é, os membros das comunidades políticas que são definidos pelo estatuto e pelos direitos de cidadania; c) as fronteiras das comunidades culturais que se têm politizado porque estão associadas à identidade nacional ou porque os Estados garantem direitos específicos às minorias culturais. Com efeito, torna-se nítida a persistente linha de exclusão em relação aos imigrantes, no sentido em que são vistos como que num outro patamar de cidadania ou mesmo como não-cidadãos.

Na análise feita por Boaventura de Sousa Santos (2006), a referência ao pressuposto do espaço-tempo nacional estatal define-se pela obrigação política dos cidadãos perante o Estado e deste perante os cidadãos. Como o espaço-tempo nacional estatal está vinculado com os valores da cultura, os dispositivos identitários vão estabelecer o regime de pertença e legitimar as normas que referenciam as relações sociais confinadas no território nacional. Por não corresponderem a este pressuposto, os imigrantes são dotados de uma menor legitimidade face aos direitos, mesmo que se trate de cidadãos formalmente possuidores de direitos políticos e tenham passado por processos de socialização. Na análise sobre a imigração e a cidadania, Yasmin

---

[14] Vale a pena sublinhar como este fenómeno em Portugal começa a ir muito para além dos âmbitos locais e do Parlamento Europeu. Nas eleições presidenciais de 2011 houve mais de 53% de abstenção.

[15] Entrevista nº 17, realizada em Lagos, a 24 de outubro 2008.

Soysal (1994) defende que os ambientes institucionais das sociedades de acolhimento têm uma importância crucial para as organizações e ativismo político dos imigrantes. Isto é, poderão refletir a natureza das políticas de imigração do Estado e, deste modo, influenciar tanto as estruturas como as redes de oportunidade para a participação política dos imigrantes no país de destino.

Embora a lei portuguesa estabeleça a participação de estrangeiros na estrutura política local, ainda assim ela é limitada pela conceção da nacionalidade, bem como pelas normas sociais de participação. É bem visível a sub-representação de não nacionais nas Assembleias Municipais e nas Juntas de Freguesia, nos cargos de vereação, de Presidentes de Juntas de Freguesia ou de Presidentes de Câmaras Municipais. Portanto, a este nível importa apontar para as especificidades e a opacidade do exercício do Poder Local (Ruivo, 2000a: 21) com as formas próprias de gestão de redes sociais, de reciprocidades (Ruivo, 2000a: 39-41). Visualiza-se, assim, uma determinada topografia de poder relacional onde o imigrante tem muito mais dificuldade em interagir perante procedimentos políticos substancialmente constituídos em torno de "labirintos" (Ruivo, 2000a). Portanto, este funcionamento reticulado constitui o risco de, efetivamente, não ser necessariamente democrático e mais facilmente criar comunidades do que cidadãos (Rouban, 1999, *apud* Francisco, 2007: 173).

7. FATORES E CONTEXTOS DE MOBILIZAÇÃO PARA A PARTICIPAÇÃO FORMAL

Giovanni Allegretti, Carlos Elias Barbosa, Clemens Zobel

> *o homem não viverá só de pão*
> Deuteronómio, 8:3

A consagração de direitos políticos aos imigrantes residentes nos países tradicionalmente considerados de imigração (especialmente em muitos dos países da União Europeia) foi durante muito tempo, como referido, um tema desconsiderado. Isto é, como se afirmou antes, não era suposto que os migrantes participassem ativamente na política do país de destino migratório. Geralmente, os migrantes são conotados com uma relação económica, fortemente estruturada pela dependência hierárquica estabelecida pela divisão internacional do trabalho (Petras, 1981). Nas últimas duas décadas tem-se verificado, como então se frisou, uma mudança no modo de conceção sobre este tema tanto no campo académico como no campo político, integrando a discussão na dimensão política da mobilização, da participação e da representação imigrante (Martiniello, 2006a).

Como se viu no Capítulo 2, a forma de organização dos grupos imigrantes em Portugal tem desempenhado um papel importante no processo de criação de espaços de mobilidade no país recetor. Esse processo pode comportar-se através de várias linhas concernentes à atuação dos imigrantes no país de destino. Na verdade, as migrações têm sido uma característica constante e têm influenciado as dinâmicas sociais nos países de destino, tanto ao nível económico, como social e também político. Assim, pode considerar-se que a mobilização política imigrante em Portugal representa um conjunto de fatores que confluem no processo de transformação da sociedade do país de chegada, e isto não só economicamente, fisicamente e culturalmente, mas também politicamente.

Sobre a participação cívica imigrante como espaço de politização

Com o intuito da resolução de situações de imigração irregular que se foi alastrando desde o início da década de 1980, ou no sentido do combate à exclusão social, o Estado português organizou um período especial de regularização de imigrantes em 1992. Para além dessas medidas de regulação, uma das diretivas com a preocupação de integração dos imigrantes vai no sentido de iniciativas nas áreas da educação intercultural e da formação profissional. Neste quadro de reconhecimento oficial da problemática da imigração em Portugal, quase que em simultâneo, desencadeia-se uma forte mobilização entre várias associações de origem imigrante e organizações católicas. Neste contexto, por exemplo, surgem algumas críticas ao modelo dos processos de regularização dirigidas ao facto de a centralidade da sua implementação ser efetuada por parte do Serviço de Estrangeiros e Fronteiras, o que, de certo modo, dificultaria todo o processo, quer pelo embaraço no acesso à informação, quer devido a um sentimento de desconfiança existente por parte da população-alvo (Marques e Santos, 2008: 57). Por outro lado, a ação das associações ficou marcada neste período por um objetivo de integração dos seus cidadãos nas diversas dimensões das políticas públicas, quer como atores, quer como beneficiários. Com efeito, as associações em representação das suas comunidades assumiram o papel de mobilização e de pressão, de ação e consciência para uma maior intervenção.

Neste contexto do início da década de 1990, o movimento associativo imigrante em Portugal já visualizava uma ação interventiva de modo a aproximar a comunidade aos espaços de participação no interior da sociedade de destino. Mas, sobretudo, vai intensificar formas de pressão, objetivando políticas coerentes e favoráveis, procurando criar condições que permitam aos imigrantes mais espaços de participação na sociedade recetora. Nomeadamente, houve uma forte mobilização por parte da Associação Caboverdeana de Lisboa, da Casa do Brasil, da Associação Guineense de Solidariedade Social e da Casa de Angola.

Ana Paula Horta e Jorge Malheiros (2005) destacam neste contexto do associativismo algumas questões pertinentes, tais como a regularização da situação de milhares de imigrantes indocumentados, o direito de voto e o reconhecimento político das profundas desigualdades sociais que caracterizam as vivências das comunidades migrantes. Com efeito, para além da orientação de canais de informação junto das comunidades imigrantes, essas associações tiveram um papel importante de intervenção junto das instâncias governamentais e de poder, lutando pela defesa dos interesses dos imigrantes, principalmente do ponto de vista legal. É, então, neste período, que alguns dirigentes associativos começam a orientar estratégias de negociações políticas, especialmente com o Partido Socialista, as quais levam à inclusão destas mesmas propostas no programa do partido para as eleições legislativas em 1991. A Associação Caboverdeana de Lisboa tem neste processo um papel muito importante, adotando uma posição de vanguarda. Entretanto, destacam-se personalidades como Celeste Correia e Arnaldo Andrade, na altura dirigentes da Associação Caboverdeana de Lisboa, Fernando Ka, dirigente da Aguinenso – Associação Guineense de Solidariedade Social –, ou Mamadou Ba, actualmente um dos ativistas do SOS Racismo. Do lado do PS, a relação com os representantes das associações de imigrantes foi impulsionada por José Leitão, o primeiro Alto-Comissário para a Imigração e Minorias Étnicas, e António Costa pela assinatura do acordo com as associações de imigrantes em Portugal no sentido da inclusão dos seus membros nas listas do PS para lugares elegíveis à Assembleia da República (Machado, 1992; Marques e Santos, 2008: 57).

A experiência do movimento associativo, com o passar dos anos, tem revelado algumas fragilidades, sobretudo ao nível das capacidades financeiras e, consequentemente, de execução prática de representação e resolução dos vários problemas que vão surgindo. Atualmente, a questão que se coloca vai ao encontro da capacitação do espaço associativo em revigorar a potência reivindicativa no seio da imigração. Embora se verifique que o tecido associativo cabo-verdiano se tem caracterizado por uma forte dependência do voluntariado, poderá uma tendência para a formalização contribuir para a consolidação da estruturação da rede associativa cabo-verdiana em Portugal?

O contexto do associativismo imigrante em Portugal, por exemplo, tem vindo a constituir um espaço de recurso ao capital social, sobretudo no contexto local, embora apresentando-se nos últimos tempos limitado ao nível das suas potencialidades reivindicativas entre a imigração. Poderão, ainda assim, encontrar-se no seu seio fatores que favoreçam a participação política e alguma forma de expressividade dos grupos migrantes no contexto local? Eventualmente, poderá acontecer em situações pontuais de interação no seio do grupo com algum impacto ao nível local. No entanto, é possível a referência a contextos de mobilização associativa, associada à ideia proposta por Miguel Vale de Almeida (2004: 46) da cidadania como um processo e não como um estatuto, através de luta, pressão ou organização por direitos intermédios. Veja-se um bom exemplo através do trabalho da associação Khapaz, na Arrentela, por uma visão de consciencialização pelos direitos enquanto grupo de pressão. Segundo entrevista realizada ao líder da

ACESSO FORMAL DOS IMIGRANTES AOS ESPAÇOS POLÍTICOS

associação, que representa um dos exponentes do *hip-hop* português, «não acredito na intervenção apolítica. A intervenção tem de ter em vista um fim, uma visão».[16]

Contudo, algumas experiências demonstraram que as influências políticas procedentes dos grupos migrantes poderão criar canais de representação junto do governo do país de origem, conseguindo criar canais de influência em programas, estratégias e projetos dirigidos aos grupos residentes no estrangeiro. Tome-se como exemplo o percurso de políticos transnacionais e a intervenção dos líderes associativos cabo-verdianos no início da década de 1990. Aqui encontramos a descrição das ações interlocutoras junto do governo de Cabo Verde em 1991, após as primeiras eleições multipartidárias no país. Esta mobilização estimulou, sem dúvida, uma atenção especial na revisão constitucional no sentido da abertura: a) ao nível do acordo de reciprocidade, perspetivando a participação dos cabo-verdianos no exterior, especialmente nas eleições locais portuguesas; e b) numa perspetiva territorial mais alargada da nação cabo-verdiana.[17]

A participação no campo associativo também se tem registado no âmbito consultivo como campo de negociação dos problemas da imigração com as entidades locais e o Estado. Na tentativa de criação de modos mais consistentes sobre políticas de integração dos imigrantes, foi criado em março de 1991 o Secretariado Coordenador dos Programas de Educação Multicultural. Mais tarde, em 1993, surge o Conselho Municipal das Comunidades Imigrantes e das Minorias Étnicas de Lisboa, um órgão consultivo com o objetivo de garantir a participação social das comunidades migrantes. Neste conselho, participaram algumas associações e representantes dos municípios com funções de assessoria nas políticas municipais, para coordenação, promoção e realização de estudos que permitissem a mobilização à participação. O Alto Comissariado para a Imigração e Minorias Étnicas (ACIME) foi criado em 1995, na dependência direta do primeiro-ministro, como uma espécie de plataforma de diálogo entre o governo e várias associações repre-

---

[16] Entrevista realizada a 26/11/09.

[17] Como já foi mencionado, os processos extraordinários de regularização em Portugal constituem um outro exemplo da importância do papel das associações de imigrantes e da sua influência sobre as políticas nos países de acolhimento e de origem. No caso da imigração em Portugal especificamente, o movimento associativo representa-se como motor nos processos de Regularização Extraordinária.

sentantes das comunidades imigrantes. No entanto, este ponto de interceção entre a experiência associativa e a participação consultiva conduz-nos a duas observações: a) a primeira demonstra o ganho de legitimidade de uma imagem politicamente correta do lado das estruturas governativas locais e do Estado; b) a segunda advém da contestação das próprias lideranças associativas destacando uma certa neutralização política. As observações seguintes de uma representante da comunidade cabo-verdiana no Conselho Consultivo para os Assuntos da Imigração (COCAI) e de um líder de uma associação local, são dois bons exemplos sobre este posicionamento crítico:

> O COCAI é uma representação em minoria. Apesar de não ser um conselho vinculativo, acaba por falhar porque os outros conselheiros maioritariamente são conselheiros do Estado português. Portanto, são todos os ministérios que estão ali representados. Aí sentimos a necessidade de que aquele conselho precisa de ser reestruturado. Não podemos estar lá em minoria, ou então têm de criar um outro sistema de voto.[18]

> Começamos a perspetivar a nossa intervenção como associação, que não pode ir só pelo caminho do subsidiado [...], nós temos uma perspetiva muito crítica sobre esta questão... Portanto, estás ali condicionado, completamente. A partir daí, aquilo que é o estatuto e o motivo da associação, ou seja, o que devia definir a ação da tua associação tem de passar a ser encaixado nisto... ou não seres financiado.[19]

Na verdade, essa falta de autonomia das organizações representativas em relação aos poderes políticos tem sido um tema questionado no campo académico sobre a realidade europeia (Martiniello, 2006a: 95). Assim, podemos observar as instâncias consultivas como representantes de uma parte marginal do sistema político, especificamente enquanto espaço de negociação sobre temáticas relativas à imigração. Com efeito, a estrutura política portuguesa, no que diz respeito à imigração, aparenta fatores que poderão levar os nacionais estrangeiros a visualizar um quadro improdutivo de reivindicação e de participação ao nível formal.

---

[18] Representante da Comunidade Cabo-verdiana no COCAI – Entrevista nº 35, realizada a 12/11/09.
[19] Líder da Associação Khapaz – Entrevista nº 37, realizada a 26/11/09.

A "Unidade Cabo-Verdiana – Plataforma Autárquica"

Apesar das limitações e do facto de a participação eleitoral necessitar, em primeiro lugar, do registo eleitoral através do ato de recenseamento, as eleições autárquicas de 1997, as primeiras em que os imigrantes nacionais dos países abrangidos pelos acordos de reciprocidade puderam participar, suscitaram uma importante mobilização por parte das associações imigrantes. Na verdade, a Lei do Recenseamento Eleitoral, permitindo, na base da reciprocidade, a sua participação formal ao nível da política local, agitou, de alguma forma, o movimento associativo em Portugal.

Neste contexto, particularmente o movimento associativo cabo-verdiano e algumas personalidades mobilizaram-se para, em março de 1997, se formalizar a "Unidade Cabo-verdiana – Plataforma Autárquica" (Sousa, 2001: 134). Considerada como um passo para a cidadania, esta plataforma emerge como um espaço de ação estratégica e com o intuito de multiplicar o reconhecimento deste direito de cidadania para inserção dos imigrantes em espaços de diálogo com as forças partidárias (Sousa, 2001: 135). A Plataforma apresentava como principais objetivos: i) a promoção do debate público e político sobre a imigração; ii) funcionar como um grupo de pressão junto às autoridades centrais e locais com vista à implementação de programas de integração (exemplo, a participação no Conselho Consultivo para os Assuntos da Imigração [COCAI] e em conselhos consultivos municipais); iii) incentivar as populações migrantes cabo-verdianas a participarem ativamente na vida política, isto é, promover as inscrições no registo de eleitores.

> Em 1996, com a lei da reciprocidade, criámos aqui, primeiro no seio da comunidade cabo-verdiana, aquilo que nós chamamos uma plataforma autárquica, que era precisamente no sentido de constituir uma base reivindicativa da nossa comunidade face ao movimento eleitoral. E procurámos mobilizar a nossa comunidade no sentido de utilizar o pequeno instrumento legal que o governo português tinha acabado de pôr à nossa disposição na altura [...]. Desencadeámos a partir dessa plataforma, que era uma espécie de carta reivindicativa, um conjunto de situações para chegar na Assembleia, da comunidade cabo-verdiana em geral, aqui na associação para tentar mobilizar as pessoas, e também para ter uma base de sustentação daquela carta reivindicativa, que depois foi apresentada aos partidos políticos. Foi aí que nós começámos o movimento do recenseamento.[20]

[20] Presidente da Associação Cabo-Verdeana de Lisboa. Entrevista realizada a 19/9/2008, em Lisboa.

A "Convergência Lusófona"

Em abril de 1997, vozes de outras associações procuraram organizar uma "Convergência Lusófona" enquanto estrutura cívica e representativa para a comunidade dos países de língua oficial portuguesa. Procurava constituir um movimento que poderia integrar a maior parte das comunidades imigrantes dos PALOP e do Brasil. Visualizava-se a importância não unicamente dos imigrantes com autorização de residência, mas também de uma grande quantidade de pessoas com nacionalidade portuguesa, que politicamente e socialmente se encontrariam como que invisíveis. Para os partidos políticos, e em particular para o PS, esta mobilização mereceu interesse, uma vez que se tratava de uma reserva importante de potenciais eleitores, os quais certamente fariam alguma diferença para as eleições nos concelhos da grande Lisboa e da margem sul do Tejo.

Se, efetivamente, os portugueses e residentes permanentes pesam nas eleições, há que considerar a hipótese de que a mobilização e o voto dos residentes estrangeiros viriam a constituir um fracasso. Entretanto, o horizonte do recenseamento eleitoral de cidadãos estrangeiros fornece alguns elementos estatísticos que permitem adquirir uma certa perspetiva e fazer um balanço sobre o nível de participação no contexto da política local. O fraco índice do recenseamento eleitoral por parte dos nacionais estrangeiros, como é possível verificar no Quadro 9 (Capítulo 6), justifica a argumentação quanto à ausência de medidas por parte dos poderes públicos (campanhas de informação, etc.), mas pode também estar associada às insuficientes capacidades das associações, se estas forem perspetivadas como "zona de contacto" (Ferguson, 2004) entre as instâncias estatais e as populações migrantes – esta falta seria responsável pela não afirmação e, consequentemente, por uma rápida desintegração da Plataforma Lusófona, julgada na altura como prematura. Neste âmbito pode destacar-se um eventual défice de ligações entre associações e organizações que atuam ao nível dos bairros, bem como a continuidade do trabalho de forma mais abrangente e acompanhado. Mas também um outro aspeto de embaraço no trabalho continuado de mobilização para a participação política formal pode ser encontrado perante a heterogeneidade real no interior das associações e nas divergências políticas existentes.[21]

---

[21] Para um aprofundamento desta questão, cf. Sousa (2001) e Marques *et al.* (2003). Também as entrevistas que fomos realizando no âmbito deste trabalho destacam a ausência de convergência ideológica no contexto do associativismo cabo-verdiano.

A PERCIP

Em 2004, foi criada a Plataforma das Estruturas Representativas das Comunidades Imigrantes em Portugal (PERCIP). Esta nova plataforma tem revelado o empenho na elaboração de novas iniciativas e na procura de uma melhor representação política e de coordenação de atividades.[22] Ao nível dos imigrantes no norte do país, a propósito da mobilização para as autárquicas de 2009, sob a liderança da Associação dos Cabo-verdianos no Norte, têm-se apresentado propostas de um trabalho organizativo com o objetivo de assumir um papel mais interventivo através do lema "Integração e Participação Imigrante".[23]

Com o passar dos anos, a experiência do movimento associativo tem revelado algumas fragilidades, sobretudo ao nível das capacidades financeiras e, consequentemente, de execução prática de representação e resolução dos vários problemas que vão surgindo. Atualmente, a questão que se coloca vai ao encontro da capacitação do espaço associativo em revitalizar a potência reivindicativa entre a imigração. Pode verificar-se que o tecido associativo cabo-verdiano se tem caracterizado por uma forte dependência do voluntariado. Entretanto, perguntamos, mais uma vez, se a tendência para a formalização do tecido associativo poderá contribuir para a consolidação da estruturação da rede associativa cabo-verdiana em Portugal?

---

[22] De 24 a 26 de outubro de 2008 foi realizado em Lagos o 3º Fórum Nacional das Estruturas Representativas das Comunidades Imigrantes em Portugal. Na declaração final, tornou-se evidente (embora apreciada) que a oportunidade do voto local para os imigrantes não é ainda considerada uma prioridade pelas comunidades e movimentos de estrangeiros em Portugal, e até é avaliada por muitos deles como "fraca" face a outras formas de luta pelos direitos.
[23] Para esse efeito criou-se um blogue com o intuito de melhor divulgar os direitos e deveres dos estrangeiros residentes na Área Metropolitana do Porto <http://avozdosimigrantes.blogspot.com>.

8. AS MULHERES MIGRANTES NA POLÍTICA

Ilda Fortes

Nos últimos anos, tem havido um aumento dos estudos sobre a Mulher, que apresentam como característica comum o facto de realçarem o «protagonismo (ou a supressão) das mulheres na história, cultura e sociedade através dos séculos» (Ramalho *apud* C.A. Santos, 2007: 63). Esta área de investigação implica «uma teorização da diferença sexual e dos papéis sociais». Estes estudos são fundamentais para se compreender a evolução do papel das mulheres ao longo dos séculos.

Muitos especialistas defendem que a entrada em massa das mulheres no mercado de trabalho foi um dos fenómenos sociais mais significativos do século XX. Pierre Bourdieu defendeu que, no seguimento das teorias de Marx e Engels, fundadas no comunismo, «graças ao desenvolvimento das forças produtivas, a redução geral do tempo de trabalho – correlata de uma distribuição global e de uma distribuição igual – permitiu deixar suficiente tempo livre a todos para participarem nas questões gerais da sociedade, tanto teóricas como práticas» (Bourdieu, 2008: 371).

Foi neste contexto que, para além dos direitos sociais, as mulheres também conseguiram a obtenção de direitos políticos. O impacto proporcionado pela ação política do movimento feminista é responsável pela mudança de mentalidade que se vem processando na sociedade, juntamente com a implementação de políticas públicas que têm contribuído para a transformação da condição social das mulheres nas últimas décadas.

Foi nos Estados Unidos da América que pela primeira vez se atribuiu direitos políticos às mulheres, decorria o ano de 1788 (Paiva, 2008: 29). Este facto propiciou a crescente participação das mulheres na política, não só como eleitoras, mas também como candidatas a cargos políticos. Nas últimas décadas, tem-se verificado um aumento da visibilidade de mulheres com grandes capacidades para o desempenho da atividade política e que têm ocupado lugares em órgãos de decisão política. Verifica-se assim que os centros de decisão se têm tornado cada vez mais democráticos (Paiva, 2008: 29).

As possibilidades de participação da mulher nos centros e órgãos de decisão política tem vindo a ganhar cada vez mais força, e tem sido objeto de recomendações de diversas organizações internacionais no sentido de se promover a igualdade de homens e mulheres em todos esses órgãos.

Existem alguns países que estão a caminhar no sentido da igualdade. Desde 2000, a proporção de assentos parlamentares ocupados por mulheres só aumentou de 13,5 para 17,9%. As mulheres ocupam pelo menos 30% dos assentos parlamentares em 20 países, nenhum dos quais se situa na Ásia.[24] As mulheres detêm pelo menos 40% dos lugares em cinco parlamentos: Ruanda (48,8%), Suécia (47%), Cuba (43,2%), Finlândia (41,5%) e Argentina (40%). Mas representam menos de 10% dos parlamentares num terço dos países do mundo. Não obstante uma maior participação parlamentar, as mulheres continuam a ser, em grande medida, excluídas das mais altas instâncias governamentais. Em janeiro de 2008, 7 dos 150 chefes de Estado eleitos e 8 dos chefes de governo dos Estados-membros das Nações Unidas eram do sexo feminino.

Não obstante esses casos, na maioria dos países verifica-se ainda um défice na representação efetiva das mulheres na política, o que pode explicar-se pelo acesso difícil das mulheres às diversas esferas da vida económica, social e cultural. Isto prende-se com a existência de alguns preconceitos relativamente à entrada das mulheres no universo da política, nomeadamente relacionados com aspetos característicos do mundo feminino.

Assim, apesar de a legislação da maioria dos países ocidentais garantir um estatuto de igualdade nas possibilidades de acesso aos mais variados lugares na política, é unânime que isso ainda não é uma realidade prática, mesmo nos países desenvolvidos. Podem sublinhar-se pelo menos dois fatores que contribuem para essa realidade. Se, por um lado, as mulheres parecem não ter motivações para exigir lugares de responsabilidade política, por outro, parece existir ainda alguma discriminação no seio dos partidos no momento da seleção dos candidatos e da organização das listas eleitorais (Martins e Teixeira, 2005). Uma das causas apontadas para este último facto é a permanência de algum preconceito em relação às mulheres que entram no mundo da política.

O preconceito

Apesar de atualmente se notar uma evolução no que se refere à participação das mulheres na política, muitas como protagonistas, ainda há muito por fazer no sentido de uma mudança de mentalidades. Nota-se, assim, que a política

---

[24] Fonte: Organização das Nações Unidas, em <http://www.unric.org/pt>.

tende a reproduzir muitos dos conceitos machistas das sociedades (Paiva, 2008: 34), enfatizando a superioridade intelectual dos homens em detrimento da capacidade das mulheres. Num artigo de opinião, Joana Amaral Dias defende que, apesar da "mudança substancial" nos últimos anos no que se refere à presença de mulheres no panorama político, «a forma como são ainda tratadas e retratadas» denuncia que ainda há muito por fazer (Dias, 2006).

Citando os exemplos da candidata à presidência francesa, Ségolène Royal, da, na altura, Presidente do Chile, Michelle Bachelet, ou da chanceler alemã, Angela Merkel, Joana Amaral Dias entende que, apesar de estas mulheres terem currículos profissionais muito ricos, elas são amplamente questionadas relativamente às suas características físicas e outros aspetos normalmente associados ao mundo feminino. Joana Amaral Dias remata dizendo que «se não são atraentes, são criticadas. Se são, são reduzidas a isso. Se não têm filhos, deveriam ter. Se têm, deviam era cuidar dos mesmos» (Dias, 2006). Não se notam comentários deste género dirigidos a líderes políticos homens. Conclui-se, assim, que, apesar dos avanços na legislação, a participação das mulheres na política, enquanto protagonistas, ainda não é cabal e naturalmente aceite. Este facto torna-se visível na forma como os meios de comunicação representam as mulheres políticas, com tendência a publicar artigos com "matizes depreciativas" para essas mesmas mulheres (Paiva, 2008: 7).

A ideia de que a área da política exige um perfil masculino faz com que existam ainda muitos preconceitos relativamente às mulheres que se atrevem a entrar na política. Nota-se, por exemplo, que até no vestuário elas se sentem obrigadas a adotar um estilo mais masculino. É o exemplo da chanceler alemã, Angela Merkel, a qual habitualmente usa muitos fatos de tom mais escuro. Raquel Paiva acredita que «a política com perfil masculino está com os dias contados», e defende que «a entrada das mulheres no cenário do Legislativo e do Executivo pode trazer um enorme diferencial, desde que consigam actuar valorizando o seu perfil histórico da não-violência no mundo» (Paiva, 2008: 9).

O caso de Portugal

Numa análise comparativa com outros países, pode concluir-se que em Portugal existem ainda poucos trabalhos que se enquadrem no domínio dos denominados Estudos Sobre a Mulher. No entanto, tem-se notado um incremento destes mesmos estudos, sobretudo com a criação de alguns centros de estudos dedicados ao tema em universidades e centros de investigação

(C.A. Santos, 2007: 63). Não obstante, estes estudos tendem a avaliar a questão da igualdade de género. O princípio da igualdade está previsto na Constituição da República Portuguesa (CRP) desde 1976, e tem vindo a ser reforçado nas mais diversas áreas (família, saúde, acesso e segurança no mercado de trabalho, etc.). O direito de voto foi concedido às mulheres em 1931. Seguem-se os artigos mais relevantes da CRP que tendem a salientar a igualdade de género no que diz respeito à participação política.

Artigo 9º

Tarefas fundamentais do Estado

São tarefas fundamentais do Estado:
h) Promover a igualdade entre homens e mulheres

Artigo 13º

Princípio da igualdade

1. Todos os cidadãos têm a mesma dignidade social e são iguais perante a lei.
2. Ninguém pode ser privilegiado, beneficiado, prejudicado, privado de qualquer direito ou isento de qualquer dever em razão de ascendência, sexo, raça, língua, território de origem, religião, convicções políticas ou ideológicas, instrução, situação económica, condição social ou orientação sexual.

Artigo 26º

Outros direitos pessoais

1. A todos são reconhecidos os direitos à identidade pessoal, ao desenvolvimento da personalidade, à capacidade civil, à cidadania, ao bom nome e reputação, à imagem, à palavra, à reserva da intimidade da vida privada e familiar e à protecção legal contra quaisquer formas de discriminação.

Artigo 49º

Direito de sufrágio

1. Têm direito de sufrágio todos os cidadãos maiores de dezoito anos, ressalvadas as incapacidades previstas na lei geral.
2. O exercício do direito de sufrágio é pessoal e constitui um dever cívico.

Artigo 109º

Participação política dos cidadãos

A participação directa e activa de homens e mulheres na vida política constitui condição e instrumento fundamental de consolidação do sistema democrático, devendo a lei promover a igualdade no exercício dos direitos cívicos e políticos e a não discriminação em função do sexo no acesso a cargos políticos (AR, 2005).

Nota-se assim que, em termos de legislação, o princípio da igualdade se encontra salvaguardado em Portugal. Para além disso, o país subscreveu uma série de tratados e diretivas, resultante da sua pertença a organismos internacionais, tais como a União Europeia ou a Organização das Nações Unidas, na área da igualdade de direitos e oportunidades entre homens e mulheres. Internamente, em termos de entidades oficiais, foi criada a Comissão para a Cidadania e a Igualdade de Género (CIG). Integrada na Presidência do Conselho de Ministros e atualmente sob a tutela do Gabinete da Secretária de Estado da Igualdade, a CIG é um dos mecanismos governamentais para a Igualdade de Género.[25] O seu objetivo principal é garantir a execução das políticas públicas no âmbito da cidadania e da promoção e defesa da igualdade de género[26] nas mais diversas áreas. Para além disso, nos últimos anos surgiram algumas associações de defesa dos direitos das mulheres, como, por exemplo, a Plataforma Portuguesa para os Direitos das Mulheres. Constituída por Organizações Não-Governamentais, esta plataforma foi criada em novembro de 2004, com o objetivo de «construir sinergias para a reflexão e acção colectiva, tendo em vista a promoção da igualdade de oportunidades entre as mulheres e os homens e a defesa dos direitos das mulheres».[27]

Apesar de todas estas leis e comissões, as mulheres ainda participam muito pouco na vida política. Uma das causas poderá estar relacionada com questões de ordem sociocultural. Nesse sentido, num relatório publicado pela CIC, concluiu-se que

> Em Portugal, a maioria das mulheres trabalha a tempo inteiro. No entanto, o modelo social dominante continua a atribuir às mulheres a principal responsabilidade pelos cuidados e pelo trabalho prestados no âmbito da família, e aos homens a principal responsabilidade pelo trabalho profissional. Esta

---

[25] A CIG foi criada pelo Decreto-Lei nº 164/2007, de 3 de maio, sucedendo nas atribuições à Comissão para a Igualdade e para os Direitos das Mulheres (CIDM) e à Estrutura de Missão contra a Violência Doméstica e integra as atribuições relativas à promoção da igualdade da Comissão para a Igualdade no Trabalho e no Emprego.

[26] <http://www.cig.gov.pt>.

[27] <http://plataformamulheres.org.pt>.

situação tem como consequência um peso excessivo de responsabilidades familiares e profissionais sobre as mulheres, dificultando as suas opções profissionais e pessoais, e prejudica igualmente os homens no desempenho do seu papel na família, nomeadamente no que se refere ao exercício dos direitos de paternidade (Canço e Santos, 2009: 121).

Na sequência do artigo 109º da Constituição da República Portuguesa, um grupo de especialistas foi encarregado de estudar as implicações do artigo e propor medidas para uma participação mais efetiva das mulheres na vida política a integrar na futura Lei Eleitoral. A menor representação das mulheres na política tem equivalência no problema do acesso difícil das mulheres às diversas esferas da vida económica, social e cultural, onde há, e tem havido, grandes obstáculos e resistências colocadas no processo relativo à sua admissão. No que se refere à política, muitos entendem que a participação feminina nos órgãos de poder político tem muito que ver com a abertura dessa possibilidade pelos partidos políticos. Daí que, em 2006, tenha sido aprovada a Lei da Paridade.

Lei da Paridade
Em 2006, a legislação portuguesa define claramente uma quota mínima para a participação das mulheres na política. A Lei Orgânica nº 3/2006, de 21 de agosto, conhecida como Lei da Paridade, «estabelece que as listas para a Assembleia da República, para o Parlamento Europeu e para as autarquias locais são compostas de modo a assegurar a representação mínima de 33% de cada um dos sexos». Os primeiros dois artigos definem, de forma mais clara, o âmbito da lei. O Artigo 1º enuncia que «as listas de candidatos apresentadas para a Assembleia da República, para o Parlamento Europeu e para as Autarquias locais são compostas de modo a promover a paridade entre homens e mulheres».

O Artigo 2º define o conceito de paridade e explica como deverá ser aplicada a lei.

1 – Entende-se por paridade para efeitos da aplicação da presente lei, a representação mínima de 33,3% de cada um dos sexos na lista.

2 – Para cumprimento do disposto no número anterior, as listas plurinominais apresentadas não podem contar mais de dois candidatos do mesmo sexo colocados, consecutivamente, na ordenação da lista (AR, 2006).

Pode dizer-se que, em Portugal, os partidos com representação parlamentar não colocam qualquer entrave formal à participação política feminina. As eleições autárquicas de 2009 foram as primeiras a ser realizadas após a publicação da Lei da Paridade. Contudo, os dados apontam para o facto de a regra não ter sido seguida. Em declarações aos meios de comunicação social, alguns dirigentes partidários afirmaram que a aplicação da lei gerou grandes dificuldades, sobretudo na elaboração das listas às eleições autárquicas.

Nota-se assim que, apesar de Portugal apresentar um quadro legal de cariz muito avançado relativamente à «presunção da igualdade de género, quer nas responsabilidades familiares, como profissionais e cívicas, [...] a prática contraria as expectativas teóricas» (C.A. Santos, 2007). Esta questão vem a adquirir novos contornos quando se passa a observar e a analisar a questão da participação política das mulheres imigrantes.

Análise de entrevistas

A participação política das mulheres imigrantes em Portugal, enquanto protagonistas, tem-se revelado extremamente reduzida. Nota-se, no entanto, que a nível informal, isto é, relativamente à presença de mulheres em associações de imigrantes, a situação é diferente. No âmbito do trabalho desenvolvido e agora apresentado, foram realizadas entrevistas tanto a mulheres imigrantes eleitas em eleições locais, como a mulheres imigrantes que fazem parte de associações de imigrantes. A partir da análise destas entrevistas, vai-se tentar mostrar de que forma estas mulheres contribuíram para o aumento da participação política dos imigrantes.

O papel das associações de imigrantes tem sido muito importante na participação informal na política e, sobretudo, na mobilização dos imigrantes para se recensearem e votarem nas eleições. Em Portugal, e sobretudo no que se refere à comunidade cabo-verdiana, são muitas as mulheres imigrantes que participam nestas associações. Uma das mais ativas neste sentido tem sido Alcestina Tolentino, que desenvolveu uma intensa atividade em termos de associativismo e foi por vários anos presidente da Associação Caboverdeana de Lisboa. Na entrevista que concedeu à equipa que realizou este projeto, Alcestina enumerou as várias atividades de mobilização dos imigrantes para votar a partir de 1996. «Mobilizámos muita gente, principalmente os académicos e pessoas muito mais sensíveis a essas questões da cidadania.»[28]

---

[28] Entrevista realizada em Lisboa a 19 de setembro de 2008.

Defendia que a mobilização pontual não era suficiente e que era preciso um acompanhamento da situação, na medida em que «as coisas têm de estar pensadas, têm de estar apoiadas [para o caso da candidatura de estrangeiros às listas eleitorais] com muita antecedência, têm de ter um suporte de peso por trás para superar as dificuldades da constituição de uma lista legislativa». Apesar de nunca ter sido candidata em eleições locais, Alcestina Tolentino teve um importante papel na reivindicação dos direitos dos imigrantes.

Alexandra, ucraniana, é membro da Associação de Imigrantes nos Açores desde 2004. Tendo como público-alvo a população imigrante oriunda da Ucrânia, Brasil e Cabo Verde, uma das atividades desenvolvidas tem sido o contacto com partidos políticos e com o Governo Regional dos Açores. Alexandra realçou ainda o facto de mulheres imigrantes participarem numa associação de Mulheres nos Açores.[29] Esta situação é indicativa de que apesar de não pertencerem a listas formais, de facto, as mulheres participam através das associações de imigrantes e, neste caso particular das imigrantes, unem-se no seio de uma associação local de mulheres.

A integração de mulheres imigrantes nas listas para as eleições autárquicas está muitas vezes diretamente relacionada com o facto de estas mulheres desempenharem papéis ativos na sociedade, sobretudo no âmbito das associações de imigrantes. Gracinda é um dos exemplos. Gracinda é membro da Associação Caboverdeana de Sines e Santiago do Cacém desde 1997, mas está integrada a tempo inteiro desde o ano de 2003. Atualmente é a vice-presidente da Associação. Acredita que foi convidada para a lista da CDU de Sines por ter um papel ativo na sociedade.

> Como estou envolvida e faço parte de diversos projetos em parceria com a associação, [...] há um grande trabalho no terreno que eu faço. O nosso trabalho não segue fechado aqui entre portas, mas também vai para fora. Então, já é uma cara conhecida, já é uma cara da terra, já nasci em Sines, então já é alguém conhecido e fizeram-me o convite.[30]

Gracinda também alega que passou a ser militante da CDU depois de ser convidada para a lista. Neste momento, Gracinda e a irmã, que representa a associação como presidente, são membros suplentes na Assem-

---

[29] Entrevista realizada em Ponta Delgada a 24 de junho de 2009.
[30] Entrevista realizada em Sines a 10 de julho de 2008.

bleia de Freguesia de Sines. Pode-se, deste modo, deduzir que, tal como acontece com os homens imigrantes, a presença de mulheres em órgãos das autarquias ou freguesias não é sinal de que a sua capacidade política seja valorizada. Nota-se que a presença de imigrantes em listas eleitorais, sejam homens ou mulheres, tem que ver sobretudo com a capacidade de mobilização destes, bem como com o facto de serem ou não bem conhecidos e respeitados pela comunidade local a partir de outras atividades que desenvolvem.

Felismina Mendes é um outro exemplo de quem entrou no universo da política a partir da sua participação no meio associativo imigrante. É presidente da Associação Caboverdiana de Setúbal desde 2004, e fez parte da lista do Partido Comunista Português nas últimas eleições europeias. A entrada na CDU deveu-se ao facto de ter muitos amigos neste partido e de se identificar com as respetivas convicções. Mostra ser uma mulher muito ativa.

> Eu faço política todos os dias. Onde eu vou, reivindico [...]. Agora, política partidária é uma coisa diferente. Porque nós sabemos que todos os dias fazemos política. Reclamamos, reivindicamos, gerimos. Estamos a fazer participação política na sociedade.[31]

Assim, as associações de imigrantes revelam servir como uma potencial plataforma de lançamento para a participação política formal, não só a nível local, mas também a nível nacional. Um exemplo disso é a deputada do Partido Socialista na Assembleia da República Portuguesa, Celeste Correia. Entrou na política através da Associação Caboverdeana em Lisboa. Na época, era representante da associação na Assembleia e acabou depois por ser convidada para ser membro do Partido Socialista. Apesar do seu percurso, Celeste Correia acredita que «as pessoas preferem militar em ONG, Associações e não em partidos» e explica que as pessoas tendem a aceitar estar numa lista para eleições apenas no caso de lhes ser assegurado que ficarão numa posição elegível.[32]

Para além de serem membros de associações, o envolvimento das mulheres em atividades de ordem mais social pode igualmente incentivar o convite para integrar listas partidárias. É o caso de Fernanda Mendes, ex-deputada

[31] Entrevista realizada em Setúbal a 12 de novembro de 2009.
[32] Entrevista realizada em Lisboa a 10 de outubro de 2008.

ACESSO FORMAL DOS IMIGRANTES AOS ESPAÇOS POLÍTICOS

regional nos Açores, a qual, apesar de ter nascido em Portugal, cresceu no Brasil e até hoje sente que é vista como brasileira. Contudo, não se mostra afetada por esse facto. «Embora houvesse sempre esse olhar, não me impediu de fazer todo um percurso político e de participação cívica e nos diversos âmbitos da nossa sociedade.» Vive nos Açores desde 1985. Em 1996, o Partido Socialista promoveu uma mobilização da sociedade civil, chamando pessoas de diferentes áreas para coordenar debates sobre as problemáticas de interesse na região.

> Nessa altura, eu estava como presidente do conselho de administração do Hospital de Ponta Delgada e fui convidada a coordenar a área dos assuntos sociais e nomeadamente a saúde. É assim que eu faço o salto para essa intervenção política de âmbito mais direto.[33]

Apesar do estereótipo social que envolve as mulheres brasileiras, Fernanda nunca sentiu que isso tenha influenciado a sua participação política.

> Não é impeditivo o facto de uma pessoa ser brasileira para ser convidada a um partido. O que conta é a pessoa, independentemente de ela ser imigrante ou não ser. Ela está inserida na sociedade, ela sabe das questões da sociedade, ela é capaz de ajudar no projeto, então não há qualquer problema.[34]

Uma outra forma de integração na atividade política tem que ver com a trajetória familiar e com as próprias conveniências do partido. É o exemplo de Nominanda Fonseca, ex-membro da Assembleia Municipal de Oeiras. A sua incursão na vida política foi feita através do marido, que era membro do Partido Socialista. Participou numa reunião com o marido, onde fez uma intervenção, e houve manifestação de interesse por parte de várias pessoas em manter contacto e a partir daí foi convidada para fazer parte da lista para a Assembleia Municipal de Oeiras numa posição elegível. «Aceitei porque foi o primeiro ano em que os cabo-verdianos puderam votar», explica.[35] Iniciou assim a sua participação como independente e, depois de ter sido eleita (1997), filiou-se no Partido Socialista. Em 2005, fez parte da lista do PS para

---

[33] Entrevista realizada em Coimbra a 26 de junho de 2009.
[34] Entrevista realizada em Coimbra a 26 de junho de 2009.
[35] Entrevista realizada em Lisboa a 16 de julho de 2008.

a Junta de Freguesia de Oeiras. Apesar da sua intensa participação política, neste caso é visível a preocupação do partido pela pretensão de haver uma paridade e um maior número de mulheres a participar (permanece o sistema de quotas, uma obrigatoriedade de modo a permitir a conquista da posição da mulher). Ela defende que há necessidade de mais mulheres a participar. Nominanda Fonseca entende que a abertura legal para a participação dos imigrantes veio estimular a participação na vida política. Para além disso, demonstra um certo sentido de responsabilidade relativamente aos imigrantes e entende que «uma vez que os cabo-verdianos iam votar, eu achava que deviam ter lá alguém que os representasse», explica. Sentiu assim necessidade de zelar pelos interesses da comunidade cabo-verdiana e africana, mas sobretudo a cabo-verdiana. Apesar disso, acredita que a participação dos imigrantes ainda é vista mais como uma necessidade de alargar o eleitorado.

> Se eu estiver na lista, os cabo-verdianos irão votar porque está lá fulana de tal na lista [...]. Mas tem de ser em primeiro lugar angariar votos porque estou lá e vou falar com fulano e sicrano, tenho mais possibilidade de ser eleita. E porque tenho mais possibilidade de ser eleita, vou mais tarde ter possibilidade de fazer alguma coisa por esses cabo-verdianos.[36]

Percebe-se, assim, que muitas vezes a presença de imigrantes, homens ou mulheres, no âmbito das listas partidárias tem que ver com a sua capacidade ou não de angariar votos da comunidade de origem para o partido que representam. Não obstante esta situação, podem enunciar-se algumas exceções, como é o caso de Helena Loerman, imigrante holandesa, membro da Assembleia da Câmara Municipal de Odemira, desde 2005. Não tinha qualquer atividade política antes, embora tivesse cartão de eleitor e votasse sempre nas eleições. Tinha um ateliê de tecelagem, onde fazia uma pequena coleção de tecidos e peças, mas a grande parte do seu trabalho era dar formação. Recebeu um convite para integrar como independente a lista do Partido Socialista para a assembleia de Odemira. De acordo com Helena Loerman, o partido tinha como objetivo renovar a imagem da assembleia, tornando-a mais multicultural.

---

[36] Entrevista realizada em Lisboa a 16 de julho de 2008.

> A ideia dos políticos era ter uma assembleia diferente, ter mais mulheres, pessoas mais jovens. E eu achei que esta era uma boa oportunidade para participar. Tinham a ideia de fazer uma ligação entre a comunidade de estrangeiros e a assembleia.[37]

Neste sentido, Helena entende que o facto de ter sido convidada para fazer parte da lista da assembleia é uma prova de interesse por parte da população para a sua integração e de outros imigrantes. Por outro lado, ela acabou por ter um papel importante na mobilização da população de Odemira para a participação na política local, na medida em que, ao perceber que não havia ligação entre a própria população portuguesa e a assembleia municipal, iniciou todo um processo de divulgação das atividades da assembleia.

> Comecei a divulgar entre os meus amigos e as pessoas que conheço as notícias da assembleia e o conhecimento que elas podiam intervir na primeira parte das reuniões. É uma coisa muito pessoal que comecei a fazer e comecei a ligar mais com a comunidade holandesa. O que resultou é que criou-se um grupo de mulheres holandesas que, antes das reuniões da assembleia, juntam-se, eu vou lá e se há assuntos elas vêm com os assuntos para a assembleia. Eu gostava de fazer isto com mais populações estrangeiras.[38]

Pode-se, deste modo, concluir que a entrada de imigrantes em órgãos políticos locais pode facultar uma maior participação de outros imigrantes. Mas, apesar dos exemplos enumerados, a participação formal das mulheres imigrantes na política ainda é muito reduzida. No entanto, isso não constitui uma exclusividade deste grupo especificamente. Ainda de acordo com Nominanda Fonseca, o facto de haver poucas mulheres nos topos da representatividade política pode ainda encontrar-se relacionado com a falta de apoios que elas têm relativamente a outras atividades que desempenham.

> [As mulheres] fogem a esse papel devido aos outros encargos sociais que acumulam no dia-a-dia. Raras são as mulheres que conseguem fazer uma vida política porque têm em casa quem a apoie. Normalmente, o que se verifica é

[37] Entrevista realizada em Odemira a 11 de julho de 2008.
[38] Entrevista realizada em Odemira a 11 de julho de 2008.

que a mulher está atrás de um grande político. E não pode ser assim. Terá que haver uma grande mulher na política e que tem um marido atrás que ajuda.[39]

De facto, num encontro em Lisboa promovido pelo projeto, Felismina Mendes, da Associação Caboverdeana de Setúbal, reiterou as dificuldades que uma mulher tem em conciliar as suas atividades políticas com encargos de ordem social e familiar.

Em suma, da análise das motivações e percursos das entrevistadas, pode--se concluir que as mulheres imigrantes iniciam a sua participação política formal sobretudo a partir de atividades sociais. Ou seja, são convidadas a fazer parte de listas partidárias para eleições sobretudo se já participaram em associações de imigrantes ou outro tipo de serviço social.

Notas conclusivas

A participação das mulheres na vida pública e na vida política é algo relativamente recente. Daí que a ideia de superioridade dos homens a nível intelectual continue ainda a alimentar preconceitos e situações de discriminação em relação à mulher.

> A assimetria dos papéis tradicionais ao nível do género tem relegado as mulheres para uma condição de grupo minoritário não só pela sua posição social objectiva, na esfera pública, mas também no plano subjectivo, e que pode explicar a sua discriminação enquanto categoria social (Amâncio, 1994).

Apesar da evolução das tecnologias, da vida económica, etc., as questões que se prendem com as representações sociais e aspetos culturais continuam a afetar a participação das mulheres na vida pública e na vida política em vários países. Portugal, como se sabe, não constitui exceção. Apesar das garantias da Constituição da República Portuguesa, da Lei da Paridade e de outras normas que defendem a igualdade, a verdade é que ainda são poucas as mulheres, imigrantes ou não, que se candidatam a cargos políticos. As dificuldades em conciliar a vida política com os encargos sociais podem ser um dos motivos que explicam essa ausência. Naturalmente que, se para uma mulher é difícil, para uma mulher imigrante o será ainda mais.

---

[39] Entrevista realizada em Lisboa a 16 de julho de 2008.

A Comissão para a Cidadania e Igualdade do Género considera que a participação das mulheres na política e nos postos de decisão continua a ser uma das áreas que se podem considerar críticas na situação portuguesa. Não se podem ignorar os progressos verificados em apenas algumas décadas de democracia, mas é preciso estar-se ciente de que «a participação das mulheres em termos igualitários está ainda longe de ser atingida, verificando-se um *deficit* democrático nesta área» (Canço e Santos, 2009). A Comissão realça, deste modo, a necessidade de se continuar a trabalhar para a prossecução do sentido de igualdade de oportunidades entre homens e mulheres. Também afirma que «uma participação mais equilibrada de mulheres e de homens em todas as esferas da vida social (pessoal, familiar, profissional, cívica, política, etc.) é essencial para a igualdade e para o desenvolvimento das sociedades» (Canço e Santos, 2009).

9. PROXIMIDADES/DISTÂNCIAS: PERSPETIVAS SOBRE O EXERCÍCIO DO VOTO IMIGRANTE

Carlos Elias Barbosa, Ilda Fortes, Clemens Zobel

As respostas e o posicionamento dos grupos migrantes relativamente à política formal e ao exercício do voto reproduzem comportamentos diferenciados conforme a maior ou menor informação dos seus direitos políticos e cívicos. Também podem variar mediante as respostas, as mudanças e os discursos oficiais concernentes às populações imigrantes. Os resultados obtidos através do questionário realizado no âmbito deste estudo confirmam uma imagem de distanciação entre as populações migrantes em geral e as estruturas políticas. Os inquéritos aplicados no âmbito do projeto que se apresenta destinaram-se a nacionais brasileiros, cabo-verdianos e dos países-membros da União Europeia que residem em Portugal há pelo menos dois anos. Das respostas obtidas no questionário aplicado aos migrantes das nacionalidades referidas, apenas 17% dos inquiridos responderam ter exercido o direito de voto pelo menos uma vez nos últimos períodos eleitorais. É possível fazer-se uma aproximação aos dados oficiais a partir dos resultados do nosso inquérito. Na base da população de nacionalidade estrangeira com direito de participação formal na política local portuguesa apenas uma percentagem mínima se encontra recenseada. O resultado do questionário revela que aproximadamente 29% dos inquiridos se encontram inscritos e, desses, 11% nunca votaram nas eleições autárquicas em Portugal.

QUADRO 10 – Exercício do direito de voto nas eleições locais

Tem exercido o direito de voto nas eleições locais em Portugal?		Está recenseado?		Total
		Sim	Não	
Sim	nº	94	0	94
	%	17,4%	0,0%	17,4%
Não	nº	60	386	446
	%	11,1%	71,5%	82,6%
Total	nº	154	386	540
	%	28,5%	71,5%	100,0%

ACESSO FORMAL DOS IMIGRANTES AOS ESPAÇOS POLÍTICOS

Pode ainda observar-se nos dois quadros que se seguem a distribuição do número dos inquiridos que exerceram o direito de voto ao nível do género e das idades. Do total dos 540 inquiridos, 53,9% são do sexo masculino e 46,1% do sexo feminino. Estes valores não se distanciam muito dos dados oficiais apresentados pelo Serviço de Estrangeiros e Fronteiras relativamente à população estrangeira residente em Portugal.[40] Assim, segundo o inquérito, o percentual de participação ativa é relativamente equilibrado em termos do género.

QUADRO 11 – Exercício do direito de voto nas eleições locais, por género

Género		Tem exercido o direito de voto nas eleições locais em Portugal?		Total
		Sim	Não	Total
Masculino	nº	53	238	291
	%	9,8%	44,1%	53,9%
Feminino	nº	41	208	249
	%	7,6%	38,5%	46,1%
Total	nº	94	446	540
	%	17,4%	82,6%	100,0%

Sem uma definição rigorosa em relação à população de nacionalidade estrangeira residente, o resultado do inquérito revela uma grande percentagem de jovens adultos. É pertinente notar que os mais jovens, na idade compreendida entre os 18 e os 27 (40% dos inquiridos), revelam um valor muito baixo tendo em conta o seu peso no total dos inquiridos.

---

[40] O *Relatório de Imigração, Fronteiras e Asilo 2008* do Serviço de Estrangeiros e Fronteiras aponta para uma percentagem de 48% de mulheres e 52% de homens com nacionalidade estrangeira residente no território português, segundo os dados provisórios de 2008. Contudo, segundo os dados do SEF, nos últimos anos tem-se revelado uma atenuação da diferença na percentagem entre homens e mulheres estrangeiros residentes em Portugal.

QUADRO 12 – Exercício do direito de voto nas eleições locais, por grupos etários

Idades agrupadas		Tem exercido o direito de voto nas eleições locais em Portugal?		Total
		Sim	Não	
18-27	nº	13	203	216
	%	2,4%	37,6%	40,0%
28-37	nº	25	130	155
	%	4,6%	24,1%	28,7%
38-47	nº	22	67	89
	%	4,1%	12,4%	16,5%
48-57	nº	19	30	49
	%	3,5%	5,6%	9,1%
58-67	nº	9	14	23
	%	1,7%	2,6%	4,3%
68-77	nº	4	2	6
	%	0,7%	0,4%	1,1%
78-87	nº	2	0	2
	%	0,4%	0,0%	0,4%
Total	nº	94	446	540
	%	17,4%	82,6%	100,0%

Para além dos outros pontos que se irão identificar mais adiante, isto revela também um aspeto generalizado em termos do interesse dos mais jovens na mobilização para a participação política formal. Com efeito, nas palavras de Villaverde Cabral (1997: xiv-xv) a "política" institui-se como um outro sistema diferenciado e autónomo da "sociedade". Deste modo, as pessoas, sobretudo as gerações mais novas, acabam por fazer uma avaliação do poder político tendo em conta as respostas dadas e a equidade vigente na sociedade. Assim, uma relação negativa em torno da equidade social poderá sugerir um maior distanciamento perante a participação associada à política formal.

Generalizando, o facto de haver uma incipiente participação dos imigrantes na política formal levanta algumas questões que apontam no sentido de ambiguidades que poderão existir na política de imigração e de integração em Portugal. De outro modo, a ausência de grande parte dos imigrantes poderá estar a dar respostas estratégicas na tentativa de tirar vantagens na base do complexo jogo entre acomodação e resistência (Horta, 2008: 7).

Ao voltar a analisar os resultados do inquérito, um conjunto de fatores justificam as questões lançadas. Procurando perceber o entendimento dos inquiridos sobre a fraca participação formal dos imigrantes na política local portuguesa, e tendo em conta que os inquiridos podiam assinalar três fatores, cerca de 29% assinalaram que o descrédito político é cada vez mais generalizado e 30% argumentam com a falta de representação ativa no seio dos grupos migrantes. Com efeito, estes dois fatores poderão suscitar um relativo desinteresse pela política formal (28%), em especial se se considerarem as preocupações pelas necessidades básicas de vida das populações imigrantes que condicionam o seu tempo, logo o seu afastamento em relação à política local do país de destino (26%). Mas este estudo leva-nos a concluir que o condicionalismo maior tem que ver com o nível de informação sobre os direitos políticos entre as populações migrantes residentes em Portugal, sendo que 74% dos inquiridos afirma que a fraca participação se deve a este facto. Contudo, relativamente à questão de o inquirido saber ou não que nacionais estrangeiros podem votar nas eleições autárquicas em Portugal, 53,3% dos inquiridos revela ter conhecimento desse facto, como se pode verificar no Quadro 13.

QUADRO 13 – Conhecimento dos direitos políticos, por tempo de residência em Portugal

Tempo de residência em Portugal (agrupado)		Sabia que nacionais de alguns países podem votar nas autárquicas em Portugal?		Total
		Sim	Não	
2-6	nº	116	180	296
	%	21,5%	33,3%	54,8%
7-11	nº	80	47	127
	%	14,8%	8,7%	23,5%
12-16	nº	16	5	21
	%	3,0%	0,9%	3,9%
> / = 17	nº	76	20	96
	%	14,1%	3,7%	17,8%
Total	nº	288	252	540
	%	53,3%	46,7%	100,0%

Considerando o tempo de residência dos inquiridos, verifica-se no Quadro 13 que a percentagem de respostas negativas é superior para aqueles que residem no território português há menos de 6 anos. Por outro lado, aqueles que já se encontram em Portugal há mais tempo apontam valores relativamente mais positivos. Isto pode confirmar a hipótese sobre o envolvimento dos sujeitos, consequentemente conseguindo uma proximidade com os diversos canais de informação proporcionando a sua inserção e participação nas diferentes estruturas sociais, económicas e políticas do país de destino.

Quanto à nacionalidade dos inquiridos, apesar do maior peso dos cabo-verdianos e dos brasileiros em relação aos outros grupos, podem, contudo, tirar-se algumas conclusões relacionadas com o nível do conhecimento dos principais grupos migrantes com direitos políticos em Portugal. Como é possível verificar no Quadro 14, os cabo-verdianos apresentam uma maior percentagem de respostas afirmativas, o que revela o papel interventivo das suas estruturas associativas, atuando sobretudo nos distritos da Área Metropolitana de Lisboa. Com efeito, mais uma vez a justificação reside no facto de haver um maior número de estrangeiros recenseados com a nacionalidade cabo-verdiana. Mas verifica-se no mesmo quadro que os sujeitos com dupla nacionalidade apresentam um maior peso relativamente ao conhecimento da lei do recenseamento eleitoral para cidadãos estrangeiros. Isto pode confirmar dois aspetos básicos – uma presença histórica da imigração cabo-verdiana em Portugal e o atual quadro da lei da nacionalidade (Lei nº 2/2006). Este novo quadro legal veio alterar consideravelmente o que se observava nos anos anteriores no que diz respeito aos processos de naturalização.

QUADRO 14 – Conhecimento dos direitos políticos, por nacionalidade

Nacionalidade		Sabia que nacionais de alguns países podem votar nas autárquicas em Portugal?		Total
		Sim	Não	
alemã	nº	3	0	3
	%	0,6%	0,0%	0,6%
argentina e portuguesa	nº	1	0	1
	%	0,2%	0,0%	0,2%
belga	nº	1	0	1
	%	0,2%	0,0%	0,2%
brasileira	nº	56	108	164
	%	10,4%	20,0%	30,4%
brasileira e portuguesa	nº	6	4	10
	%	1,1%	0,7%	1,9%
britânica	nº	2	0	2
	%	0,4%	0,0%	0,4%
cabo-verdiana	nº	126	122	248
	%	23,3%	22,6%	45,9%
cabo-verdiana e italiana	nº	0	1	1
	%	0,0%	0,2%	0,2%
cabo-verdiana e portuguesa	nº	86	11	97
	%	15,9%	2,0%	18,0%
francesa	nº	5	2	7
	%	0,9%	0,4%	1,3%
holandesa	nº	1	4	5
	%	0,2%	0,7%	0,9%
italiana	nº	1	0	1
	%	0,2%	0,0%	0,2%
Total	nº	288	252	540
	%	53,3%	46,7%	100,0%

Contudo, na base dos resultados deste questionário, a dupla nacionalidade parece não simbolizar o exercício efetivo do direito de voto, como se pode observar no Quadro 15. Embora em termos globais apresente mais respostas afirmativas do que negativas, os valores são, no entanto, muito próximos. Assim, a nacionalidade apresenta um papel fundamentalmente instrumental.

QUADRO 15 – Exercício do direito de voto, por nacionalidade

Nacionalidade		Tem exercido o direito de voto nas eleições locais em Portugal?		Total
		Sim	Não	
alemã	nº	2	1	3
	%	0,4%	0,2%	0,6%
argentina e portuguesa	nº	1	0	1
	%	0,2%	0,0%	0,2%
belga	nº	0	1	1
	%	0,0%	0,2%	0,2%
brasileira	nº	1	163	164
	%	0,2%	30,2%	30,4%
brasileira e portuguesa	nº	3	7	10
	%	0,6%	1,3%	1,9%
britânica	nº	0	2	2
	%	0,0%	0,4%	0,4%
cabo-verdiana	nº	30	218	248
	%	5,6%	40,4%	45,9%
cabo-verdiana e italiana	nº	0	1	1
	%	0,0%	0,2%	0,2%
cabo-verdiana e portuguesa	nº	55	42	97
	%	10,2%	7,8%	18,0%
francesa	nº	0	7	7
	%	0,0%	1,3%	1,3%
holandesa	nº	1	4	5
	%	0,2%	0,7%	0,9%
italiana	nº	1	0	1
	%	0,2%	0,0%	0,2%
Total	nº	94	446	540
	%	17,4%	82,6%	100,0%

Pelas respostas obtidas dos inquiridos com nacionalidade portuguesa ou em processo de naturalização, nos principais motivos apresentados, a maioria aponta fatores como libertar-se dos processos burocráticos do SEF, garantir alguma segurança e residir em Portugal, evitando os custos na renovação dos vistos, ou refere-se de forma muito direta e afirmativa no sentido de "ter mais direitos" enquanto cidadão. Deste modo, conclui-se que a concessão de direitos políticos não constitui uma garantia para a participação convencional dos imigrantes na política local portuguesa.

Realce-se aqui o facto de as estruturas políticas e o desempenho do Estado nem sempre aliciarem as organizações coletivas e de pertença dos imigrantes no sentido de uma participação convencional. No entanto, é possível compreender o comportamento político dos imigrantes, visualizando o modo como respondem às mudanças das políticas e aos discursos oficiais. Constata-se que, na generalidade, a cultura política portuguesa apresenta uma certa distância entre os cidadãos e as instituições políticas. Por outro lado, a leitura dos partidos políticos pode apresentar-se muito sensível a um quadro multicultural, contudo, é muito centrada na "cidadania nacional" e num evidente propósito eleitoralista.

Ao cruzar os resultados, tanto nas entrevistas individuais ou em grupo como no questionário, observa-se em primeiro lugar que a presença dos grupos migrantes em Portugal não se pode dissociar de um processo de reconfiguração de identidades num quadro mais abrangente. Para além disso, muitas vezes as estratégias políticas produzidas ao nível dos grupos migrantes respondem às políticas de imigração. Como demonstra Ana Paula Horta (2008), as políticas e discursos institucionais produzem subjetividades específicas interiorizadas pelas populações imigrantes. Neste sentido, a ação coletiva poderá não somente envolver lutas e reivindicações políticas, mas também uma luta sobre identidades culturais (Escobar, 1995; Horta, 2008). Assim, as respostas poderão surgir através do recurso a modos de intervenção alternativos de organização e de estratégias políticas e de afirmações identitárias (Barbosa e Ramos, 2008). Como demonstra o estudo elaborado por Ana Paula Horta (2008), a tendência dos imigrantes em se distanciarem de formas convencionais de reivindicação revela um agenciamento individual ou coletivo que se desenvolve, igualmente, ao nível das práticas quotidianas.

10. PARTICIPAÇÃO COMO CANDIDATOS OU COOPTAÇÃO POLÍTICA

Clemens Zobel, Giovanni Allegretti, Carlos Elias Barbosa

Nesta secção iremos analisar o papel determinante da cooptação de atores no seio dos grupos migrantes por parte de representantes políticos locais. O exercício do direito passivo de imigrantes na política local tem sido um dado residual. Nos 308 municípios portugueses foram apenas eleitos quatro cidadãos de nacionalidade estrangeira em 2001 e três em 2005. Contudo, convém destacar a presença de vários eleitos de origem migrante com nacionalidade portuguesa. Assim, podemos fazer um apanhado geral e dizer que em termos geográficos da representação desses eleitos se destacam alguns concelhos na Grande Lisboa – por exemplo, Oeiras e Loures –, no Alentejo – Odemira – ou no Algarve – Aljezur. Contudo, na generalidade, a concretização do direito passivo (enquanto eleitos) ainda acontece essencialmente através da participação de sujeitos com a nacionalidade portuguesa.

Estes casos parecem constituir as exceções que provam a regra do desinteresse generalizado da classe política pela questão do voto imigrante. Segundo Isabel Carvalhais (2006: 122), todos os representantes partidários entrevistados manifestavam uma preocupação sobre a integração política dos imigrantes. Mas uma análise dos estatutos dos partidos, tanto da esquerda como da direita, mostra claramente a prevalência do «entendimento "nacional" do cidadão político» (Carvalhais, 2006: 123). Isto demonstra uma correlação com a escassez das informações disponíveis nas sedes dos partidos sobre a presença dos candidatos e militantes não nacionais nos Municípios e Juntas de Freguesia. Juntamos a indicação feita por Carvalhais de os entrevistados dos partidos confundirem «não-nacionais com cidadãos nacionais de outras origens étnicas» (Carvalhais, 2006: 124). Ao mesmo tempo, a atitude dos partidos políticos ao nível nacional deve ser relacionada com as estratégias pragmáticas e proativas dos responsáveis políticos ao nível das autarquias.

Fazendo uma ponte com o coletivo das entrevistas realizadas, nota-se que a maioria dos entrevistados não representa um percurso político em si. Contudo, revelaram-se engajados politicamente em vários tipos de atividades cívicas. Falamos especialmente daqueles que são detentores de um percurso migratório e que, pouco a pouco, foram construindo a sua trajetória pessoal até chegarem ao ponto de receberem um convite para pertencerem a uma lista eleitoral. Outros mantêm a sua intervenção enquanto ativistas e representantes das estruturas associativas, apostados nas capacidades de intervenção social e de intervenção pelos interesses das populações migrantes.

Nota-se, no entanto, a importância do percurso individual e o âmbito de relacionamento e de contactos que cada um possui. Este facto representa o impacto das redes sociais, que fazem crescer o interesse por parte dos representantes políticos e que acabam por cooptar essas pessoas para que possam constar das listas eleitorais e contribuir para propósitos partidários ou autárquicos. Verifica-se que praticamente todos aqueles que indicaram terem sido convidados para pertencerem a uma lista eleitoral, ou que têm sido eleitos, apresentarem um percurso de liderança e de intervenção no seio do associativismo, ou com uma determinada experiência profissional adquirida, a qual lhes empresta uma maior visibilidade social.

Mas nem toda a forma de expressão política corresponde a uma estrutura normativa de participação. Por vezes surgem outras formas de manifestação, como a intervenção no seio associativo e do sindicalismo, em prol dos direitos dos imigrantes e na luta pela melhoria das suas condições de inserção no país de destino. Deste modo, destaca-se a importância do trabalho como um elo fundamental na vida do imigrante, o que lhe permite criar um conjunto de benefícios significativos para a sua mobilidade socioeconómica e, consequentemente, uma participação ativa ou passiva cada vez mais efetiva.

Neste âmbito, importa destacar que, quase sem exceção, os eleitos locais entrevistados não tinham propriamente um objetivo em se candidatar, nem um perfil militante num partido político. Contudo, essas pessoas apresentavam uma experiência, quer na área do associativismo, quer na vida profissional, que conduzia a que certas personalidades da política local percebessem a sua importância estratégica para as campanhas eleitorais. Por vezes, a oferta de um lugar na lista eleitoral pode contrariar as suas intenções. Dois elementos revelam-se particularmente interessantes neste ponto: (i) a capacidade destes eleitos em ativar inovações num ambiente que não tem uma grande abertura em relação ao "novo". Evocamos o exemplo já mencionado de uma eleita holandesa (Helena Loermans) que iniciou em Odemira um pequeno jornal de informação sobre as atividades da Assembleia Municipal e estimulou a mudança da regulamentação das sessões.[41]

---

[41] Entrevista realizada a 11 de julho de 2008 em Odemira.

Em vez de serem tratadas em último lugar na agenda das reuniões da Assembleia Municipal, as questões apresentadas pelos cidadãos são agora colocadas no início das sessões, o que possibilita um maior debate; (ii) o segundo fator pode ser associado ao conceito de "património político" do antropólogo francês Marc Abèlés (1990). Isto quer dizer que, nestes processos de cooptação e de motivação pessoal, o passado político da família de um candidato pode jogar um papel decisivo.

> Tu vives naquela localidade, tens ali a tua família, o teu trabalho, és automaticamente um membro de pleno direito, mais do que jurídico, moral daquela vida política. [...] do ponto de vista da política local, todos nós, e eu faço parte da política local. Estamos marcados. O Presidente da Câmara olha para mim, eu também sou da oposição. Estamos ali num concelho maioritariamente liberal e conservador, CDS e PSD, sobretudo o PSD, e eu faço parte do grupo quase que se pode dizer do PS na Assembleia Municipal. [...] Eu tenho alguma facilidade de ter acesso a conversas cordiais e sérias com a maioria PSD porque o meu avô foi uma figura local importante que estava ligado [...], que foi o maior empreendedor desde o 25 de Abril, e depois do 25 de Abril as transições do empresariado fizeram-se muito bem, quem era um grande empresário antes do 25 de Abril continuou a sê-lo depois.
>
> – Membro da Assembleia Municipal de Pombal[42]

Esta questão do "património" apresenta um elemento estruturante que explica o porquê de no contexto da cultura política portuguesa a ligação entre eleito e eleitores ser muitas vezes menos determinante do que o seu posicionamento em relação às elites políticas (Ruivo, 2000a: 200 e ss.). Entretanto, tem sido visível a presença de individualidades em lugares não elegíveis, sobretudo nas listas eleitorais de Municípios e Juntas de Freguesia na AML, ressaltando no facto do entendimento da participação imigrante pela ponderação do seu peso demográfico. Em determinados casos, por exemplo, nos municípios com presença real de conflitos sociais, pode dar-se o caso de cooptação de líderes comunitários por receio de convulsões, ou como estratégia de resolução de conflito.

> Porque o que é normal nisto é que a comunidade quando não tem representação fecha-se sobre si própria e os problemas não saem. E isso depois é que

---

[42] Entrevista realizada em Coimbra a 22 de julho de 2008.

dá as panelas de pressão dos bairros da Bela Vista e companhia limitada. [...]
São Teotónio é uma freguesia em que agora estamos com problemas, aquilo
é capaz de não dar coisa boa um dia destes. [...] Qual é a forma de resolver
isso? É ter alguém dentro que nos diga onde é que estão os problemas e nós
trabalhamos. [...] Não há resposta sem conhecer por dentro. Porque mesmo
que a gente queira dar resposta, até estamos a trabalhar mal porque pensamos
que estamos a responder bem e estamos ao lado do problema. [...] E o que eu
digo é: se eu tivesse que optar entre a representatividade dos imigrantes que
temos em Odemira, entre três ou quatro ou cinco pessoas nas freguesias onde
essas pessoas estão, eu optaria sempre por ter representantes das comunidades que têm maiores problemas.

– Presidente da Câmara de Odemira[43]

Este é um facto que, de certo modo, revela uma relação com os exemplos
de representação dos grupos migrantes com destaque do papel de mobilização e de organização.

O peso demográfico do retorno da emigração portuguesa e do processo
da descolonização das ex-colónias também tem reflexos nas estruturas
representativas do poder local em Portugal. Trata-se de uma percentagem
considerável de nacionais portugueses de naturalidade estrangeira (angolana, moçambicana, brasileira, francesa, alemã, etc.). No entanto, alguns
nacionais portugueses de ancestralidade africana (Cabo Verde, Guiné-Bissau, Angola, etc.) têm marcado lugar na representação residual da imigração
na política local portuguesa, realçando o paradigma da nacionalidade como
elemento normativo neste quadro paradigmático. Deste modo, fica mais
claro o facto de haver um número insignificante de eleitos de nacionalidade
estrangeira (quatro em 2001 e três em 2005, repita-se), bem como um
número também restrito de presenças nas listas eleitorais. De outro modo,
estes fatores problematizam o caráter estrutural na conceção da nação, bem
como os seus limites relativamente à participação política.[44]

---

[43] Entrevista realizada em Odemira a 9 de maio de 2009, em formato de *Focus Group* com
outros elementos da Assembleia Municipal de Odemira.
[44] Dados relativos aos eleitos com nacionalidade estrangeira para órgãos ao nível municipal.
Entretanto, alguns cabo-verdianos e nacionais de outros países foram eleitos, mas constam
como portugueses. Ainda não estão disponíveis os dados das eleições autárquicas de 2009.
Por outro lado, podemos destacar algo novo neste último período eleitoral, o grupo indepen-

10. PARTICIPAÇÃO COMO CANDIDATOS OU A COOPTAÇÃO POLÍTICA

Para além disso, a estratégia de procurar pessoas que sejam representantes de "comunidades" é muitas vezes enfraquecida pelas suas próprias clivagens. Neste sentido, em relação ao contexto migratório cabo-verdiano em Portugal, Ana de Saint-Maurice (1997) sublinha as fronteiras existentes entre dominados e dominantes dentro do grupo, dando origem a "imagens diferenciadas" num eixo relativo à classe social que redimensiona a identificação com o grupo. Neste quadro de diferenciação, particularmente no seio dos cabo-verdianos em Portugal, encontra-se o registo de uma elite numa relação à posição intermédia no período colonial (Batalha, 2004) seguindo carreiras nas profissões liberais e que se enquadra num outro processo de inserção e de participação, em especial no contexto político. Se se tiver em conta o seu peso no tecido associativo em Portugal, de certo modo começam-se a visualizar determinadas tensões em relação a novas perspetivas colocadas por uma nova geração na imigração.

> No movimento associativo imigrante, há efetivamente uma crise completa, não só da metodologia, as pessoas trabalham em sistemas altamente presidencialistas, não trabalham no terreno, não sabem, não conseguem lidar com a nova realidade da imigração. A imigração não é a mesma da década da descolonização, não é a mesma. As culturas associativas, as culturas de participação, a forma de estar das pessoas são diferentes. Hoje não se compadecem com associações fechadas sobre o seu umbigo, tem de ser um espaço também de liberdade, onde possam expor as suas capacidades. Porque as pessoas também são capazes. É preciso acreditar também nas pessoas. Por isso há uma crise de dirigentes associativos... E por aí também não se encontram espaços comuns para poderem partilhar.
> – Dirigente da Associação Solidariedade Imigrante[45]

O fraco índice de participação formal dos estrangeiros residentes justifica-se pela ausência de medidas por parte dos poderes públicos (campanhas de informação, etc.), mas também reforça o argumento sobre a insuficiente capacidade das associações, se as perspetivarmos como "zona de contacto" (Ferguson, 2004) entre as instâncias estatais e as populações

---

dente de cidadãos (MICA) para o município da Amadora. Este movimente é liderado por um cabo-verdiano de origem com nacionalidade portuguesa.

[45] Entrevista realizada a 20 de novembro de 2008.

migrantes. Esta falta seria responsável pela não afirmação da "Unidade Cabo-verdiana – Plataforma Autárquica", constituída em março de 1997, e, consequentemente, pela rápida desintegração da "Convergência Lusófona", que se formou em abril do mesmo ano a partir da ideia da integração dos migrantes dos PALOP e do Brasil, mas julgada na altura como prematura (Sousa, 2001: 134). Assim, até então, é difícil perceber qual a capacidade efetiva de representação por parte das associações, bem como o percurso dos interesses dos grupos migrantes. Ou seja, a questão é se, de facto, as associações dão voz aos seus representados no espaço público.

Tais diferenças refletem-se também ao nível dos interesses em termos da participação política e que poderão identificar uma maior ou menor participação eleitoral. Por exemplo, é notória a diferença que existe na presença de eleitos com origem estrangeira para os órgãos autárquicos entre Amadora e Oeiras. No primeiro caso, com uma forte concentração de população de origem migrante e uma ampla mobilidade associativa de caráter manifestamente cultural ou sob forma de afirmação das "raízes", resgate de "memórias" e modos informais de contestação de assimetrias de poder (Marques, 2008: 158). No segundo caso, verifica-se um esvaziamento do potencial reivindicativo e uma reorientação dos objetivos das associações (Marques, 2008: 157), mas pode-se observar uma maior presença em conformidade com o quadro da participação formal. Embora prevaleça o fator nacionalidade como elemento-chave na participação passiva na política local, o Município de Oeiras representa um caso paradigmático pela presença de eleitos naturais de Cabo Verde. Apresenta-se então com uma maior participação entre sujeitos que se encontram melhor enquadrados nas estruturas socioeconómicas e políticas do país de acolhimento, ou com uma rede de interação mais alargada.

Mais uma vez se constata um eventual cruzamento entre a concentração residencial e a densidade de redes sociais produzidas através do movimento associativo em Portugal. A experiência das últimas eleições autárquicas, em outubro de 2009, com a apresentação da candidatura de um cabo-verdiano para a Câmara Municipal da Amadora, demonstrou uma tentativa de aproveitamento dessa concentração e de um percentual considerável de população de origem migrante. Porém, ainda se assiste a uma forte presença das estruturas dos partidos políticos como campo de ação e de inserção nas estruturas eleitorais. Por conseguinte, as vias de intervenção e de representação entre a imigração na política local indicam um percurso muito mais convencional e fortemente ligado à inserção em variados contextos institucionais e sociais.

Para além da visão sobre a cidadania fortemente vinculada à nacionalidade e, sobretudo, pela conceção da imigração como uma força laboral supondo a sua estadia temporária, torna-se necessário avaliar as dinâmicas e os processos de interação entre a migração e o desenvolvimento político – ou então, saber até que ponto é possível encontrar espaços para uma conceção mais inclusiva das populações migrantes nas sociedades recetoras. Segundo Isabel Carvalhais (2006: 122), apesar da preocupação sobre a integração política dos imigrantes, a análise dos estatutos dos partidos tanto da esquerda como da direita mostra claramente a prevalência do entendimento "nacional" do cidadão político (Carvalhais, 2006: 123), como foi referido. Isto evidencia a escassez das informações disponíveis nas sedes dos partidos sobre a presença dos candidatos e militantes não nacionais nos órgãos autárquicos.

A falta de engajamento ao nível das instituições reflete-se no âmbito nacional, onde os partidos políticos não têm elaborado uma posição clara sobre a questão do voto imigrante e das possibilidades da sua integração nas suas estruturas. Todavia, a presença residual de nacionais dos países-membros da CPLP como candidatos nas listas eleitorais ou como eleitos (bem como os nacionais dos países-membros da União Europeia), tem sido quase sem exceção o resultado de solicitações por parte de personalidades políticas locais. Em termos geográficos da representação de individualidades de origem da CPLP podemos destacar alguns concelhos na Grande Lisboa, como Oeiras e Loures. Por vezes, a sua participação tem alguma ligação com as influências das redes associativas, ou com alguns dos laços entre país de origem e de acolhimento. Mas destaca-se sobretudo entre os cabo-verdianos, o grupo mais proeminente nesse processo, o papel destacado de uma elite político-administrativa que tem as suas origens no período colonial. Com efeito, vê-se aqui a presença dos eleitos de nacionalidade portuguesa com origem estrangeira e a influência da concentração demográfica que leva os partidos a considerar o peso do voto imigrante.

Mais uma vez se constata um eventual cruzamento entre a concentração residencial e a densidade de redes sociais produzidas através do movimento associativo cabo-verdiano em Portugal. A experiência das últimas eleições autárquicas, em outubro de 2009, com a apresentação da candidatura de um cabo-verdiano para a Câmara Municipal da Amadora, demonstrou uma tentativa de aproveitamento dessa concentração e de um percentual considerável de população de origem migrante. Porém, ainda se assiste a uma forte presença das estruturas dos partidos políticos como campo de ação e de inserção nas estruturas eleitorais. Por conseguinte, as vias de intervenção e de representação entre a imigração na política local indicam um percurso muito mais convencional e fortemente ligado à inserção em variados contextos institucionais e sociais.

11. O PODER LOCAL PORTUGUÊS
E A PARTICIPAÇÃO FORMAL DOS IMIGRANTES

Fernando Ruivo

Desde que os níveis locais de governo, de administração e de participação cidadã se revestiram de um interesse renovado em todas as democracias, as comunidades e coletividades locais, leia-se as variadas formas de Poderes Locais, passaram a ser encaradas como uma espécie de laboratório de excelência suscetível de permitir novas leituras e aprofundamentos sobre os processos decorrentes ou constituintes da participação política.

Continuamos, apesar de alterações sintomáticas de certo modo recentes, a viver na órbita de dois paradigmas que influenciam a visão implícita e as práticas em torno dessa mesma participação. Os discursos tendem, pois, a entrar em linha de convergência, embora tais práticas tendam a manter diferenças algo marcantes.

Assim, por um lado, a tradição localista da política inglesa releva um campo local autónomo aberto à influência do cidadão e dos seus representantes no que diz respeito ao governo e aprovisionamento de serviços públicos (uma espécie de domínio preservado relativamente ao centro, derivado da convicção de uma legitimidade própria e superior das periferias). Este facto (apesar de posteriores desenvolvimentos) veio acolher uma maior responsabilização do Poder Local em termos da resolução de problemas, no seio de um sistema designado como *"dual politics"*, podendo aqui referir-se a afirmação de um verdadeiro governo local (*"local government"*) e, de certo modo, uma clara abertura e incentivo às formas de participação política local.[46]

Mas, por outro lado, a tradição jacobina francesa sempre se encontrou animada de uma forte e expressiva centralização dos poderes administrativos. Tende a não se empregar, então, neste outro paradigma, a expressão governo local, mas antes, tratando-se de um domínio entendido como que concedido e transferido, de administração local (*"administration locale"*). Esta mera administração, como o termo indica, é então olhada como não

---

[46] Sobre as transformações que este modelo tem vindo a sofrer até à atualidade, cf. Atkinson *et al.* (2007).

ACESSO FORMAL DOS IMIGRANTES AOS ESPAÇOS POLÍTICOS

autónoma e dependente do centro, o qual detém a verdadeira legitimidade, pelo que a política local e a participação política tende a restringir-se a uma mera atividade eleitoral cíclica.[47]

Portugal, na esteira histórica de toda a influência jurídico-administrativa de cariz napoleónico que sobre ele incidiu ao longo dos tempos, veio a herdar e assumir os corolários e a cultura deste segundo paradigma, com todas as consequências que ele acarreta para o exercício do seu Poder Local e para a sua visão da participação.[48]

Neste capítulo, procurar-se-ão enunciar possíveis diferentes posturas do Poder Local português relativamente a políticas nacionais de enquadramento da participação formal dos imigrantes. Deve-se, no entanto, esclarecer à partida os motivos que conduziram a este tipo de enfoque pluralista, centrado na análise da relação entre o local e a execução deste tipo de políticas no nosso país. Podem, assim, alinhar-se algumas respostas que corresponderão a idêntico número de razões.

Deste modo, parece desde logo encontrar-se aberta a porta do reconhecimento da inexistência de uma só forma de fazer política em Portugal. A política e a execução local de políticas, nomeadamente no caso da participação formal dos imigrantes, desdobra-se então, em nosso entender, «numa multiplicidade de tipos de medidas políticas e de formas de acção política que ora assumirão aqui determinada forma, ora ali tomarão outro figurino» (Ruivo, 1990: 76).

> Deve, portanto, procurar saber-se qual ou quais as variáveis que influenciam esta situação. Entre outras, aquela que procuraremos explicitar [...], será a variável do "aqui" e do "ali", isto é a variável constituída pelos diferentes locais, pelos seus agentes e pelas especificidades por eles apresentadas (Ruivo, 2000b: 21).

Efetivamente, cada local assume uma determinada configuração sociocultural própria, a qual virá desaguar em toda uma série de consequências importantes. Desde logo, numa também determinada sensibilidade, cultura política e prática social específica dos seus atores mais destacados, num

---

[47] A este propósito, cf. o clássico Lagroye e Wright (1979: 5). Sobre o momento atual em França, ver Mazet (2007).

[48] Um desenvolvimento deste tópico poderá ser encontrado em Ruivo (2000a).

maior ou menor peso das sociedades locais e num possível ativismo interventivo das correspondentes elites.

> É pois a natureza e a história do local que interfere de forma marcante no processo de produção dessa multiplicidade de políticas e posturas que, diferentemente, se vão concretizando (ou omitindo) ao nível da sociedade local pela mão do Estado Local (Ruivo, 2000b: 22).

Assim, pode constatar-se que «interrogar o funcionamento estatal a partir da multiplicidade de lugares onde se exerce, significará encontrar mais de que um seu registo ou inscrição» (Ruivo e Veneza, 1988: 20).

Subjacente a esta questão, poderá encontrar-se toda uma longa série de hipóteses de trabalho sobre as políticas públicas em geral e a participação formal dos imigrantes em particular, as quais deverão vir a ser desenvolvidas em trabalhos ulteriores que incidam sobre qualquer tipo de localização de políticas públicas. Assim:

a) Entre a *"Law-in-the-books"* e a *"Law-in-action"*: da diferença entre as competências legais centralmente concebidas para as autarquias às competências por elas efetiva e ativamente assumidas.[49] É conhecido o facto de as instituições poderem, por vezes, obedecer àquilo a que Burns e Flam (1987) designaram como "sistemas contraditórios de ordem", nos quais, informalmente, se pode ir transformando, mitigando-o ou acrescentando-o, algum quadro da formalidade existente.

b) A complementaridade existente entre o formal e o informal a nível autárquico: todo um processo que se desenvolve «num quadro de atuação estatal em que o nível de discrepâncias entre o que se encontra legalmente estatuído e as práticas reais (efectivas ou por omissão) tem vindo a ser muito alto» (Ruivo, 2000a: 17).[50]

---

[49] Para o caso francês, por exemplo, Berthet (1999: 299) assinala o paradoxo de não existirem oficialmente políticas locais no campo imigratório, por se tratar de um problema colocado sob a responsabilidade do Estado-nação, mas simultaneamente se poder constatar uma cada vez maior implicação das coletividades locais em ações onde se joga a integração dos estrangeiros instalados nos seus territórios, aludindo teoricamente a mecanismos de um *transfert* quase informal de competências. A mesma constatação, para a área da exclusão social, foi feita em Ruivo (2000b).

[50] Laguerre (1994: 96) clarifica aliás, a este propósito, que «informalidade e formalidade são dois lados de um mesmo processo político e refletem a realidade sociológica da vida quotidiana» (nossa tradução). Cf., igualmente, (Ruivo, 2008).

c) Estado local passivo, Estado local empreendedor: «Nas relações entre Poderes Central e Local, a objectividade da ordem jurídica e político-administrativa é [...] marcada por traços de ambiguidade [...], em resultado dos quais os órgãos e actores locais tendem muitas vezes a não se assumir como sujeitos ou destinatários meramente passivos dos enquadramentos oficiais do Estado Central» (Ruivo, 2000a: 18).

d) Labirintos: local, local-central. «As políticas locais [...] não escaparão também às conexões labirínticas, tão importantes afinal para a sua formação e execução. E isto, tanto às conexões de raiz local-central [...] (angariação de financiamento para a execução, por exemplo), como às conexões de ordem meramente local (suporte de funcionamento e base de continuidade da política, entre outros)» (Ruivo, 2000b: 28).

e) Redes: «essas redes constituirão [...] um elemento narrativo decisivo do todo constituído pela organização sociopolítica portuguesa, e muito particularmente da local, pelo que serão decisivas na explicação da intervenção ou não do Poder Local» (Ruivo, 2000b: 29) na concretização da localização de uma política pública.

f) O local da luta pela participação formal dos imigrantes na política: o tipo de local, bem como a sua história precedente e as redes que o constituem e alicerçam, «poderá conduzir, por um lado, a uma execução mais autónoma da política [...], numa perspectiva de *"empowerment"* (Friedman, 1996), isto é, com um enfoque de construção de poder, participação e cidadania no que diz respeito aos sujeitos e comunidades envolvidas. Mas poderá também, e essa será talvez a situação mais comum, conduzir a uma perspectiva de manutenção de *"disempowerment"*, ao não promover os elementos [...] referidos» (Ruivo, 2000b: 32).

g) Coordenação ou atomização interventiva: «Em alguns casos será possível detectar-se [...] uma estrutura coordenadora da intervenção [...]. Tal estrutura poderá ser composta por uma rede interinstitucional onde participam as várias entidades locais envolvidas [...]. Poderá também encontrar-se presente a Câmara Municipal, a qual pode tender a constituir-se como o actor aglutinante ou dinamizador de tais iniciativas locais [...]. Noutros casos, porém, toda a panóplia de iniciativas [...] pode ser levada a cabo sem que se detecte uma entidade que

coordene e oriente as iniciativas num mesmo objectivo comum»
(Ruivo, 2000b: 36-37).

h) O protagonismo dos interventores: «o protagonismo de determinados actores pode ser fundamental para a eficácia de determinadas
actividades e para a acção das instituições. Este perfil psicológico confere aos actores que dele são portadores poder para actuar de determinada forma, constituindo-se esse poder como um recurso fundamental para os resultados finais da actividade» (Ruivo, 2000b: 49).

Ou, por outras palavras,

> este regresso dos actores sociais ao cerne das relações [...] configura-se tam-
> bém, assim, como uma variável de extrema importância para a compreensão
> do Estado e da sociedade portuguesa, bem como das diferentes formas de
> neles se exercer a política. [...] O tipo de personalidade política pode marcar
> de forma indelével os processos políticos e o tipo de liderança [...] pode afi-
> nal também constituir uma hipótese central e crucial na explanação das
> diferentes formas de exercício de poder (Ruivo, 1993: 96).

Ou, para utilizarmos outra expressão, para a explicação das diferentes
operacionalizações dos poderes a nível local.[51]

Nas décadas mais recentes, uma forte e permanente presença de trabalhadores imigrantes tem vindo a caracterizar o pulsar de inúmeras cidades
europeias. Portugal foi um dos países que não escaparam a esta tendência
e, a partir de meados da década de 1970, por variados e diferentes motivos,
registou dinâmicas muito fortes de imigração, muito especialmente em
torno das grandes cidades.[52]

Ora, a fixação de populações imigrantes, como à partida logo se intui,
impulsiona a criação de problemas locais muito específicos e reais, com os
quais as diversas autoridades locais se veem obrigadas a lidar, para além do
facto de existirem ou não políticas nacionais delineadas para enquadrar tais
tipos de problemas. Desde logo, problemas em torno de novas procuras em

---

[51] Horta (2008: 130 e ss.) frisa a importância do enquadramento analítico contido nos pres-
supostos teóricos desta grelha de leitura «para a análise das respostas institucionais locais face
à imigração».

[52] Uma síntese do percurso evolutivo destas dinâmicas da imigração no nosso país pode ser
encontrada em A.P. Cordeiro (2004: 93 e ss.).

áreas tão diferentes como o aprovisionamento de serviços, habitação, educação, mercado laboral e, evidentemente, na própria política local, o chamado "domínio jurídico-político", para utilizar a expressão de Alexander (2004: 64), que é precisamente aquele domínio que nos interessa com vista ao desenvolvimento do presente trabalho.[53]

Dentro das três áreas incluídas pelo autor neste domínio daremos relevo ao estatuto cívico do imigrante, ou seja, à atribuição do direito formal de cidadão (e da participação formal na política), já que, sendo esta, embora e em geral, uma questão de política nacional em termos europeus, pode ser compartilhada ou, até mesmo, delegada para as entidades locais (para não falar em alguns casos em que se regista a sua entrega à órbita da discricionariedade municipal), transformando-se assim numa política local com efetivos poderes e efeitos de aceleração ou retardamento de eventuais processos de naturalização dos imigrantes.[54]

Alexander propõe então aquilo que classifica como "as relações locais Hospedeiro-Estrangeiro" como um esquema classificativo para as diferentes políticas adotadas pelas autoridades locais em reação à presença de trabalhadores imigrantes nos seus territórios. Assim, tais relações «são [...] definidas como as atitudes e assunções das autoridades locais tendo em vista a presença de trabalhadores imigrantes [...] e as premissas normativas com vista às suas diferenças e lugares na sociedade hospedeira» (2004: 67).

A partir daqui, o autor propõe o delineamento de cinco tipos de reações possíveis, consubstanciados em diferentes políticas locais, as quais procurariam exprimir diferentes atitudes e posturas dos autarcas relativamente aos imigrantes residentes.

a) A primeira, que designa como *"transient attitude"*, isto é, atitude transitória, pressupõe que a imigração é considerada como algo de passageiro, já que essa população se virá a deslocar para outras localidades ou regressará mesmo ao território de origem (Alexander, 2004: 67). O fenómeno imigratório é, assim, ignorado ou desconhecido pela autarquia. Neste caso, o processo da postura desemboca numa não

---

[53] O autor identifica ainda outros domínios, tais como o socioeconómico, o cultural-religioso, bem como o espacial.

[54] As outras áreas seriam constituídas pelas estruturas consultivas para imigrantes, a relação da municipalidade com as suas associações e a mobilização.

implementação de qualquer tipo de política, em que a questão do estatuto cívico do imigrante não se coloca, sendo as suas associações ignoradas (Alexander, 2004: 71).[55]

b) A segunda, classificada como *"guestworker attitude"*, ou trabalhador-hóspede, representa uma fase em que as autarquias reconhecem já a presença de população imigrante, embora a considerem como meramente temporária, requerendo apenas medidas limitadas e de curto prazo. Nesta postura, novamente o estatuto cívico não é tomado em consideração, apenas se registando eventuais formas de cooperação informal com as associações imigrantes em âmbitos muito circunscritos (Alexander, 2004: 71).

c) A terceira, a "atitude assimilacionista", releva um salto fundamental nas políticas dos entes descentralizados, já que os imigrantes passam a ser olhados como um fenómeno permanente.[56] A sua suposição «é a de que os imigrantes irão permanecer, mas que a sua diferença irá, eventualmente desaparecer» (Alexander, 2004: 68). Este novo olhar altera a questão do estatuto cívico, já que facilita os processos de naturalização, advoga a ideia de conselhos consultivos mistos (isto é, não etnicamente baseados, desencorajando uma mobilização ancorada numa base racial) e procede à cooptação ou exclusão das associações de imigrantes (Alexander, 2004: 71).

d) Já a quarta atitude, a pluralista, também assume a permanência da presença imigrante, mas, ao contrário da anterior, toma a posição de aceitar

---

[55] A este propósito, Berthet (1999: 302) assinala que, depois do século XIX, a França construiu a sua política de imigração com base numa conceção essencialmente instrumental. A imigração era, assim, concebida como um reservatório momentâneo de mão-de-obra obedecendo a uma lógica de procura. Deste modo, a implantação durável de estrangeiros, por mais numerosos que estes pudessem ser, não passava de algo de residual.

[56] Ainda para França, Berthet (1999: 302) sublinha que, ao sedentarizar os imigrantes e induzir uma "familiarização" da imigração, o fechamento das fronteiras a partir de 1974 fez baloiçar o objeto imigração da esfera meramente económica para o espaço do social, fazendo-o resvalar progressivamente do económico-nacional para o social-local (Berthet, 1999: 308) e assim focalizando desde então a atenção sobre a integração e a interação dos grupos sociais franceses e dos procedentes da imigração. Para além de legitimar o desenvolvimento da sociologia das migrações, este facto, segundo o autor (Berthet, 1999: 303), conduziu a que as relações interétnicas e, sobretudo, a integração dos estrangeiros nos territórios fizesse então a sua aparição nas agendas políticas, bem como nas universitárias.

as diferenças existentes como algo de permanente. Este facto acarreta várias consequências ao nível do domínio jurídico-político: Assim, quanto ao estatuto cívico, apoiam a regularização (em Portugal, será o caso do Município de Oeiras) e ampliam os direitos de votação local; promovem e apoiam conselhos consultivos etnicamente ancorados; apadrinham as associações de imigrantes enquanto agentes de empoderamento e delegam serviços em tais associações (Alexander, 2004: 71).

e) A quinta e mais recente atitude – a intercultural – «enfatiza a necessidade de uma maior base comum para um território multiétnico», reagindo à postura pluralista de sobreenfatização do elemento étnico (perpetuador, do seu ponto de vista, de eventual estigmatização e segregação) (Alexander, 2004: 69). As consequências desta posição quanto ao estatuto cívico são as mesmas da abordagem pluralista. Ao contrário desta, porém, prefere estruturas consultivas mistas, a fim de incluir representantes imigrantes e apoia as associações de imigrantes enquanto agentes de integração (Alexander, 2004: 71).

Relativamente a Portugal, a metodologia utilizada na pesquisa que foi desenvolvida não permite detetar o peso relativo de qualquer destas atitudes, já que não foi utilizado o método de *"case-studies"* e sua posterior comparação. No entanto, estamos em crer que, apesar de legislação nacional atribuidora de um papel ativo das autarquias na regularização do estatuto cívico dos imigrantes e da sua participação formal, a *"law-in-action"* a que se referiu inicialmente confere muito diferentes velocidades à postura e intervenção das autarquias nesse processo. O nosso país deverá, assim, revelar-se como um enorme conglomerado de mistura de atitudes, com especial relevância prática para os primeiros tipos de atitudes enunciados.

A este propósito, Berthet (1999: 311) alude à presença de um espaço intersticial aberto pela *"policy window"* relativa aos imigrantes, no qual os atores potencialmente envolvidos podem ou não vir a comprometer-se, facto este que induzirá os elementos de um retrato diferenciado das muito variadas ações (ou omissões) municipais neste campo. O empenhamento das Câmaras em inscrever as questões imigratórias na sua agenda política depende, em larga medida, na opinião do autor, a qual não deixamos de sufragar e enfatizar, de duas categorias de fatores, uma ligada às próprias características das Câmaras e dos territórios (como atrás ficou, aliás, indiciado), outra a uma dimensão de ordem mais conjuntural.

Em Portugal, o problema da participação formal dos imigrantes na vida política local é um problema que não se restringe à mera vida política que se desenvolve localmente. Os sistemas políticos locais não são, infelizmente, totalmente autónomos relativamente às culturas políticas enraizadas em todo o território nacional. E, deste modo, salvaguardadas determinadas e importantes especificidades que cada local ostenta, os locais tendem a assumir algumas características das componentes mais vastas do todo constituído pelo sistema político e pela subjacente cultura política nacional. Tais componentes tendem a reproduzir-se, pois, a nível local, contaminando o funcionamento daquele que poderia ser o segmento político mais funcional, porque mais próximo das populações que abrange, da intervenção pública em geral. Quer isto dizer que, tal como no nível nacional, o exercício da democracia e da cidadania locais tende a ser, em boa parte dos casos, amplamente débil e deficitário, não se levando a cabo todas as potencialidades que o conceito encerra.[57] Os dados de que dispomos apontam para o facto de esta situação tender a agravar-se no que diz respeito aos imigrantes presentes nos variados locais que constituem o nosso território.

A este propósito, podemos então rapidamente alinhavar algumas ideias, sintetizadas a partir das entrevistas realizadas no âmbito do projeto, as quais poderão ajudar a compreender as razões de um tal estado de défice e de debilidade relativamente aos imigrantes.

i) Em primeiro lugar, as questões derivadas da própria condição de se ser imigrante em Portugal.

Portugal constitui, em boa parte das situações (salvo o caso de uma ou outra comunidade, como a bem alicerçada comunidade cabo-verdiana, por exemplo), uma plataforma que tende a ser de passagem e, consequentemente, a atribuição da nacionalidade e de direitos cívicos portugueses ao imigrante pode interessar mais, na sua perspetiva, como produtora de alguma capacidade de circulação (nomeadamente para os restantes países da União Europeia) do que como uma verdadeira plataforma para a aquisição de direitos, reconhecidos

---

[57] Bastará relembrar o conceito de "distância ao poder" sentido pela população portuguesa, avançado por Cabral (1993).

e suficientemente interiorizados para serem exercidos (ou, como afir-
mava um dos entrevistados, «deu-se um avanço mais rápido na componente da circulação do que na da cidadania»).

A perspetiva de um eventual retorno, pelo seu lado, reforça atitudes de transitoriedade ou de trabalhador-hóspede, tanto por parte
do imigrante como por parte das autoridades encarregadas de procurar executar medidas de um qualquer plano de integração,[58]
extremando-se, deste modo, o processo de bipolarização hospedeiro-
-estrangeiro. Por outro lado, o período mais intenso da demanda imigratória, o período pós-colonial, veio a conduzir a uma dificuldade
da aceitação do "outro", a uma perceção dos imigrantes como povo
diferenciado ("nós e eles") e a uma resistência, não só cultural, mas
também ideológica, ao fenómeno imigratório.

As comunidades, por sua vez, são muito autocentradas, fechadas
e heterogéneas,[59] o que aliado à realidade de "a língua portuguesa
não ter unido" e à criação de um verdadeiro "estigma sobre os bairros"[60] veio a conduzir a uma prevalência da ideia (e vivência) de
comunidade sobre a da nação (bem como do seu corolário cidadania),
assim como a uma reconhecida preferência maioritária do imigrante
pela raiz informal de uma participação cívica nas suas muito variadas
formas associativas,[61] relativamente à participação política formal
local propriamente dita.

Acresce que "barriga vazia não luta", no dizer de um outro
entrevistado, o que aponta para que o elo central e fundamental da
vida imigrante em geral venha a ser constituído pelo universo do
trabalho (e por tudo aquilo que ele acaba por possibilitar, tal como

---

[58] As quais, por omissão, poderão não se empenhar numa correta viabilização da concretização
de tais medidas.

[59] Para além de sofrerem, na opinião de vários entrevistados, de problemas relacionados com
rivalidades, tanto intra como intercomunitárias.

[60] Facto que, para além de se considerar que «os partidos, sendo dominadores, os imigrantes
resistem ao enquadramento», encaminha igualmente para a constatação de que estes «bairros
geralmente não são abrangidos pelas campanhas» eleitorais.

[61] As quais se encontram o mais frequentemente atomizadas e sem elos de ligação passíveis
de produzir formas de ação conjunta, como veremos.

a habitação, a família agrupada, a reforma e a própria saúde),[62] não se registando, deste modo, outras grandes formas ou dimensões de sociabilização, nomeadamente de participação formal e assunção de cidadania, para além do seu próprio trabalho e das associações em que se encontram inseridos.

Os problemas de identidade dos descendentes vêm agravar todas estas circunstâncias, já que estes vivem simultaneamente duas culturas (a ambiguidade de uma dupla pertença), acabando por não se identificar totalmente com nenhuma delas.[63] O que, aliado às conhecidas dificuldades de qualificação e preparação do imigrante, vem dificultar ainda mais os processos de integração nacional. A debilidade dos movimentos sociais em Portugal, pelo seu lado, reflete-se também na dificuldade de erupção de movimentos sociais imigrantes.[64] Para alguns, as suas elites deviam, aliás, ser mais ativas e, registando-se quebra de representatividade e de confiança nos elementos mobilizadores, as comunidades não se reveem nelas.

Este panorama, encontrando-se bem presente em trabalhos de índole académica, não se encontra, porém, devidamente visibilizado junto das opiniões públicas, já que «a comunicação social (para além da violência esporádica, de ilegalidades e marginalidades) não dá ênfase ao que se passa», não promovendo debate, na opinião de um entrevistado.

ii) Em segundo lugar, as próprias associações, também elas de caráter muito heterogéneo e com divisões internas de opinião, algo fechadas em torno de si próprias e dos seus aderentes, bem como dotadas de um perfil muito presidencialista, onde existirá, segundo alguns, uma «crise de porta-vozes dirigentes».

---

[62] Torna-se aqui interessante aludir à referência, quanto a nós sintomática, de um dos entrevistados quanto ao facto de existirem «alguns imigrantes com trajetória sindical longa, mas curta nos partidos». Para uma visão mais completa dos perfis do trabalho imigrante e do território, cf. Reis *et al.* (2010).

[63] A questão de uma ofensiva de cariz cultural para definir os parâmetros identitários é colocada por alguns dos entrevistados no interior de um debate paralelo que se desenrola em alguns setores da imigração sobre a opção entre candidaturas independentes ou "entrismo" nos partidos.

[64] Como constatava criticamente um dos inquiridos, «temos o defeito de esperar que as coisas cheguem».

Constitui opinião fortemente generalizada o facto de não ter sido conseguido, até ao presente momento, criar e reforçar uma teia forte de relações e interações entre elas, a qual viesse a possibilitar a criação de uma agenda comum de atividades, a produção de confiança (legitimando, deste modo, novos dirigentes) e a construção de redes contra aquilo que se pode designar, segundo um entrevistado, como uma "política de quintal".

Da mera participação em eventos e convívios (com motivações em que avultam fatores como o religioso, as celebrações e as festas nacionais), elas deviam encaminhar-se, na opinião de alguns, para um papel mais pró-ativo em outros âmbitos considerados como de caráter mais fecundo, como, por exemplo, na discussão sobre a preparação da mudança e aperfeiçoamento das leis, bem como para uma reflexão sobre todo o caminho que foi até agora trilhado por tais associações.[65]

A sua ação, visibilidade e influência (como, de resto, em toda a ação pública) em muito depende daquilo que é designado como "personalização positiva". Isto é, o carisma e força dos seus dirigentes, a sua capacidade de trabalho interassociativo e a própria criação de parcerias com outras forças, minando a sua «dependência de tudo e do Estado». Por exemplo, parcerias com igrejas, sindicatos, com outras associações de índole vária, Embaixadas, elaborando protocolos com as Câmaras e Juntas de Freguesia em determinadas áreas, factos estes que poderiam ajudar a diminuir o sentimento generalizado de distância ao poder e de vivência numa espécie de "não lugar"[66] por parte da população imigrante.

Segundo os dados recolhidos, nas associações e na mobilização para a integração que elas procuram desenvolver, pouco se fala da chamada questão política.[67] Haverá, pois, ainda na opinião de entrevistados, todo um trabalho de consciencialização e de fornecimento

---

[65] Segundo um entrevistado, «não se conseguiu fazer uma reflexão sobre o que ocorreu, bem ou mal, em toda a experiência: sem fazer balanço, saltámos no vazio».

[66] Augé (1992).

[67] Embora alguns falem também, anote-se a interessante disparidade, fruto de visões diferentes sobre a atividade associativa, em «associações isentas» e no «perigo da proximidade com políticos e partidos».

ativo de informação a construir, aprofundar e consolidar por parte delas, um fator que implicaria, por seu turno, aquilo que é designado como uma sua «maior capacitação no terreno, já que não há respostas sem conhecer por dentro» (sendo, pois, necessário que as associações venham a fabricar representantes verdadeiramente mediadores e tradutores das condições ostentadas pela realidade presente relativamente ao fenómeno social da imigração).[68]

iii) Em terceiro lugar, a participação. Deve começar por dizer-se que a participação é, o mais das vezes, entendida pelo imigrante como algo propiciador de um «beneficiar de bem-estar económico, mas não necessariamente do usufruir de quaisquer tipo de direitos cívicos ou políticos».

Evidentemente, regista-se um elevado índice de participação informal,[69] a qual também fornece informação,[70] mas a falta da participação formal, nomeadamente política, conduz a que o imigrante continue a sentir-se como algo parecido com um mero hóspede transitório e em situação de favor.[71] No entanto, no entender de alguns, «a participação, para ser verdadeiramente política, deve abranger todas as vertentes da vida: ela não é só o voto» (bem como a expressão das opções para a sociedade que o voto consagra e o consequente alargamento do eleitorado),[72] abrange também, forçosamente, «os domínios do social e do económico».

---

[68] Um dos entrevistados fala em "manipulação" derivada da dependência e queixa-se do facto de «as pessoas serem sempre as mesmas, não prescindindo do seu tempo para se dedicar à causa comum».

[69] Curioso registar a declaração de um entrevistado, segundo o qual a participação informal prevalece porque «a formal tem burocracia», facto que denota as contradições da dupla pertença e da dupla visão do mundo (uma questão autobiográfica e de histórias de vida), bem como uma vincada tensão comunidade-nação entre os imigrantes.

[70] Embora, sintomaticamente, «não é pela quantidade de informação que se chega às pessoas», diz-nos um entrevistado.

[71] Aqui voltamos a encontrar as duas primeiras atitudes inventariadas por Alexander (2004) e atrás mencionadas: as atitudes de "transitoriedade" e de "trabalhador-hóspede". Só que, neste caso, vistas do outro lado, isto é, não apenas por parte das autoridades locais, mas igualmente por parte do imigrante que igualmente as interioriza.

[72] Muitos não aderem à participação, considerada apenas a partir deste último vetor, considerado como restritivo e quantitativo.

Tendo havido um progressivo processo de afirmação do tema imigração na agenda pública,[73] a informação e a mobilização continua, no entanto, a fazer-se em grande medida através de intervenções pessoais, do conhecimento de pessoas, de interações de índole primária. Daí a necessidade de envolver as associações na sensibilização para um projeto de participação mais intensa,[74] até porque «se há participação na comunidade, nos bairros ou no religioso, ela é muito baixa nas freguesias ou na área do social».

Evidentemente que se registam processos de ordem reivindicativa,[75] os quais são também, obviamente, formas de participação política, mas tende, no entanto, a considerar-se que «a política partidária é outra coisa à parte». Estamos em crer, tal como outro entrevistado, que «esta não participação na política formal não constitui um processo de simples desmotivação, trata-se, sim, de distância», uma distância[76] que constitui, aliás, um fator comum a quase todos os estratos sociais do país,[77] a qual urge, na nossa opinião, sopesar, analisar, entender e atenuar...

iv) Em quarto lugar, a política e o poder locais. Nas palavras de um entrevistado, «a política só vem muito tarde na cabeça do imigrante». Já atrás se pôde entender a razão desta afirmação.[78] Mas outras razões

---

[73] Há, no entanto, quem pense que «participação com base na diferença não existe, a diferença existe para separar direitos».

[74] Embora haja quem pense que, «se é difícil mobilizar nacionais, com estrangeiros a situação complica-se».

[75] Os quais não são, no entanto, por variadas razões (concentração ou dispersão das comunidades, maior ou menor tendência para o retorno, entre outras), idênticos para todas as comunidades imigrantes, variando fortemente o seu grau entre elas.

[76] Relembre-se o conceito de "distância ao poder" (Cabral, 1993) a que, mais atrás, se fez alusão. No entanto, a situação reforça-se junto dos imigrantes, já que «é um problema dos que nascem e vivem em Portugal, mas com outra nacionalidade e sem direito a participação (nem todos têm acordo de reciprocidade)». E, quanto a esta reciprocidade, há quem entenda que ela funciona como «álibi para a exclusão, é só para alguns», contrapondo que «quem é localmente residente deve passar a eleitor» ou que «todos [os que] trabalham aqui e pagam impostos deviam ter direito à sua palavra».

[77] Que um dos inquiridos designou como «café turco demográfico com importância para a participação política».

[78] Referíamo-nos então à quase exclusiva socialização do imigrante no espaço nacional através da dimensão do trabalho.

se podem conjugar para reforçar esta realidade, todas elas derivadas da condição de imigrante, bem como ao estilo inerente ao corrente exercício da política local.

Assim, é conhecido o grau de fechamento dos partidos políticos, eles próprios, aliás, igualmente pouco participados. Trata-se de um facto também claramente observável a nível local.[79] Na realidade, estas estruturas políticas são geralmente governadas por um líder mais prestigiado e centralizador, rodeado por aquilo que é designado como um "círculo íntimo"[80] restrito de participantes nos processos decisórios ou de fornecimento de informação[81] e dotados de um espírito de corpo muito denso, com regras não comunicáveis a neófitos. Ora, para ascender a esta qualidade de pertença a esse círculo torna-se necessária a posse de um determinado património político ou capital social, difícil e moroso de alcançar e muitas vezes de transmissão quase que hereditária. É este círculo íntimo que decide, entre outras coisas, a composição das listas para as eleições locais e é fácil compreender que quem não possua tal capital e a sua concomitante capacidade de influência não tem acesso a essas decisões e se encontra *a priori* muito distante do acesso ao poder.

É o caso dos imigrantes em geral, a maior parte das vezes confinados em comunidades étnicas territorial e vivencialmente marginalizadas, periferizadas ou (em alguns casos) geograficamente dispersas e, dado o facto de serem relativamente recentes ou de caráter olhado como meramente transitório, sem a aquisição de um grande peso histórico nas localidades onde se encontram inseridas (novamente, são como que os "eles", numa «herança mal resolvida das questões coloniais»).[82]

---

[79] Noutros trabalhos pôde constatar-se a debilidade da vida político-partidária local, onde, por exemplo, as próprias sedes dos partidos muitas vezes só se encontram abertas em períodos eleitorais. A este propósito, um dos contactados chega mesmo a declarar que «as pessoas, mesmo os políticos, estão alheadas da política».

[80] O *"inner circle"*, tal como é genericamente designado na literatura anglo-saxónica da especialidade.

[81] Este último ato também é designado por "tradução" por autores como Callon (1986), entre outros.

[82] A qual «se sobrepôs ao debate da conquista de direitos (o imaginário colonial)», segundo um entrevistado.

ACESSO FORMAL DOS IMIGRANTES AOS ESPAÇOS POLÍTICOS

Poucos dirigentes locais compreenderam a eventual riqueza decisiva deste voto ainda desprezado[83] (entre outros, Oeiras, por várias motivos, parece ter constituído uma exceção recente), e por esta razão a integração política do imigrante corre riscos de continuar a encontrar-se debilitada, como nos dão expressivamente a entender alguns dos nossos entrevistados. Assim, entre outras opiniões: «a presença nas listas tem peso, mas só nos procuram nas campanhas», «só tenho utilidade para eles votarem», «os partidos só consultam eleitos imigrantes para falar sobre minorias étnicas, e com lógica de quotas, não de pensamento», «não há discussão da integração pelos órgãos eleitos», «a política é um meio muito restrito, a democracia é o contrário», constitui o comentário de muitos.

«As pessoas vêm antes do partido, é preciso ser conhecido, mas é necessário ter famílias grandes e simpáticas», afirma outro entrevistado, «ter ligações familiares a dirigentes e eleitos».[84] Ora, é este caráter personalista[85] da eleição que o imigrante não consegue furar capazmente, ao não se conseguir inserir no apertado labirinto local das influências e da política.[86] Ora, as comunidades imigrantes são, também elas, dotadas de labirintos próprios, altamente providos de eficácias particulares, mas estes encontram-se, dada a não integração, como que determinantemente separados e desconectados dos labirintos decisivos da política local.[87] E, relativamente àqueles imigran-

---

[83] Uma reação sintomática a esta situação, com prenúncios de algum possível *volte-face* futuro em relação a ela, está contida na afirmação que a seguir se transcreve: «os políticos não pensam que os imigrantes devem estar no centro das decisões, se não abrem, temos de empurrar a porta».

[84] Trata-se aqui de uma das formas tradicionais de reprodução dos eleitos e da classe política em geral. Nesse sentido, afirma-se que «em Portugal há continuidade familiar e muito pouca abertura aos novos».

[85] A chamada "visibilidade da pessoa". O que para alguns significa, positivamente, que «sabem quem é e isso pode diluir a cor».

[86] A este propósito um comentário que muito indicia: «a lei da reciprocidade de 1997, para eleger tudo bem, para ser eleito não; as coisas estavam a andar bem, mas os interesses políticos jogam nestas situações».

[87] Para além do facto de alguns considerarem que as «Juntas e Municípios acham que se chamarem muito a atenção» para os problemas «podem perder, o que não lhes interessa» e de haver «resistência à liderança pela cor ou não se ser português».

tes que nestes últimos labirintos conseguem penetrar, alguém comentava em determinado momento que "as máquinas" (partidárias) «absorvem, criam distância à comunidade», tudo isto num processo referente a uma potencial cooptação que, por vezes, visa mais amparar carreiras e jogos políticos de cariz pessoal ou prevenir eventuais conflitos do que promover uma integração política propriamente dita.[88]

Por isso, (para outro entrevistado) «o trabalho de mobilização para o recenseamento é de catequista, depois não se arranjam programas para chegar às pessoas», um processo que se torna institucionalmente compreensível já que no entender do próprio Presidente da Associação Nacional dos Municípios Portugueses «a lei do recenseamento não foi negociada com os municípios, foi imposta sem concertação».[89] Quer isto dizer que, consequentemente, não houve preparação, sensibilização, formação, nem atribuição de meios técnicos ou financeiros aos organismos locais, unilateralmente, frise-se, responsabilizados pelo recenseamento dos imigrantes.[90] Deste modo, pensa-se, deviam encontrar-se fórmulas eficazes para que as Juntas e os Municípios pudessem ir ao encontro das pessoas, fazendo um trabalho consequente e acompanhado, pensando e apoiando os candidatos imigrantes com antecedência, a fim de promover o recenseamento e atenuar as altas taxas de abstenção.[91] A este propósito, aliás, alguém afirmou, sábia e ironicamente, querendo apontar para alguma

---

[88] Um processo que decorre paralelamente a um outro constituído pela opacificação dourada de alguns que demonstram pertencer ao elenco dos mais aptos para a política. Assim, «quando surge um quadro com mensagem, é cooptado por um tachinho e desaparece da atividade», afirma-se.

[89] Esta negociação, bem como a consulta formal sobre todas as leis que envolvessem o Poder Local constituía já uma das reivindicações do 1º Congresso da Associação Nacional de Municípios.

[90] Conforme registado na Ata Nº 22, de 7/6/1995, do Conselho Diretivo da Associação Nacional de Municípios Portugueses: «O CD tomou conhecimento [da alteração às Leis Eleitorais], lamentando que a ANMP não tivesse sido consultada».

[91] «Poucos recenseados e destes poucos votam, abstenção em geral», «Juntas e Municípios devem ir ao encontro das pessoas, senão elas metem-se num canto» ou «ligação às questões práticas locais e não de partido», afirmam alguns.

regressão do processo de integração: «pensa-se bem cá em cima, mas não se dinamizou localmente...».

Em Portugal existe a falsa ideia de que basta delinear centralmente determinada política para que ela seja hierárquica, milimétrica e obedientemente aplicada de cima para baixo no terreno. Esquece-se, assim, que existem múltiplas adaptações dessas políticas por parte dos agentes mais próximos que as vão executar nos diferentes territórios[92] e que, desse modo, se abrem as portas a potenciais fortes descoincidências entre as estruturas nacionais e as locais em torno de variadas questões ligadas à localização de políticas públicas. Trata-se da célebre distinção, de que atrás se falou, entre o direito contido nas leis e o direito em ação, de que é exemplo, para a área da imigração, a existência simultânea de um discurso nacional inclusivo e de amplas e diferentes filtragens locais desse mesmo discurso.

Podem existir, deste modo, grandes disparidades territoriais de aplicação das leis relativas à imigração,[93] diferentes regulações nos diferentes espaços, respostas díspares a situações universais. Deve precisar-se que este é um problema que não tem que ver só com a imigração. Tem que ver com todo o tipo de localização de políticas públicas (trata-se, enfim, da relação nacional-local).[94] Ora, esta fragilidade da forma unitária da regulamentação em diferentes escalas[95] coloca, por um lado, a questão da capacidade de a lei penetrar o local e, portanto, da necessidade de ela ser avaliada de uma forma continuada. Este é um processo que, como é reconhecido, não tem sofrido a incidência de qualquer tradição em Portugal, devendo, por essa

---

[92] As chamadas "manobras de reengenharia", que, em última análise, possibilitam as "operações de engenharia" de que nos fala Ruivo (2008: 6-7).

[93] Como alguém refere, «as inovações chegam mais ao nível nacional, o local é mais fechado (faltam meios de transmissão – as regiões?)». A este propósito, a análise de Mahnig (2004: 17 ss.) «lança dúvidas sobre se os governos locais estão mais receptivos relativamente às necessidades dos migrantes do que as autoridades nacionais» (nossa tradução). Quase no mesmo sentido («sistemas políticos locais não estão dispostos a "abrir" sob a influência de argumentos teóricos como representação ou da democracia multicultural» – nossa tradução), vai Garbaye (2004: 39 ss.).

[94] Cf., ainda a este propósito, Ruivo (2002, 2008).

[95] Houve quem chegasse a afirmar, entre os inquiridos, que parecia que «o cimo não chega a baixo».

razão, ser introduzido de forma regular enquanto hábito salutar para acompanhar e ajudar a unificar a execução dessas mesmas políticas. Mas, por outro lado e simultaneamente, este pluralismo de ordem interventiva tem origem em diferentes interpretações e olhares sobre a problemática da imigração por parte das instâncias do Poder Local. Tais diferenças radicam, em última análise, como foi inicialmente indiciado, nas variáveis do "aqui" e do "ali", nas especificidades ostentadas pelos variados territórios e nas maiores ou menores incidências da problemática imigratória que registam, apontando, portanto, para um outro par de chaves explicativas em termos sociológicos que devem igualmente ser privilegiadas: por um lado, a equação institucional, isto é, a história e a cultura da autarquia (Câmara Municipal ou Junta de Freguesia), por outro, a equação pessoal, ou seja, os percursos pessoais, as sensibilidades, em suma, a própria história de quem ocupa o lugar do poder.[96]

v) Finalmente, o elencar de alguns desafios para lidar com o futuro, para além de todos aqueles que se podem implicitamente inferir do que atrás ficou dito, e que foram enfaticamente colocados por diversos daqueles que foram entrevistados. Assim:

a) «Transformação das formas de recenseamento»;[97]
b) «Criação de filtros culturais e institucionais que reduzam a não participação»;
c) «Promover campanhas eleitorais não generalistas, apelando-se desse modo a cada comunidade»;
d) «Construir medidas que ajudem a superar as dificuldades de integração de jovens e mulheres em particular»;
e) «Promover formas de ensino que visem quebrar a barreira do afastamento»;
f) «Perante uma cultura política que ignora o valor das medidas, proceder a uma avaliação das leis»;

---

[96] Uma interessante tentativa, mais alargada, de aplicação deste enfoque, embora não incluindo o fator da imigração, foi em tempos elaborada para a cidade italiana de Terni por Portelli (1985).

[97] Incluindo a opinião dos que pensam que o «recenseamento devia ser obrigatório, facultativo, só votar».

g) «Superar a ignorância atualmente existente sobre os processos de mobilização»;
h) «Construir indicadores sobre os processos de identificação»;[98]
i) «Mudar a mentalidade partidária»;[99]
j) «Reformular o trabalho de recenseamento por parte das Juntas de Freguesia»;[100]
k) Reconhecer o pluralismo da política: «Conhecer as várias formas possíveis de vivência política por parte dos imigrantes (a política num sentido mais amplo)»;
l) «Procurar identificar e explicar as possíveis motivações para participar ou não»;
m) «Criar novas categorias de intervenção camarária junto dos imigrantes: gabinetes de apoio e pelouros», entre outros.

---

[98] «Ou a chamada dimensão subjetiva: como é que os imigrantes se autodefinem?» E «a vontade política faz parte dos projetos dos africanos?».

[99] Aponta-se o facto de que «os partidos só admitem a imigração quando há inserção nas instituições políticas».

[100] Entre outras, uma sugestão: «abrir ao sábado».

12. CONSIDERAÇÕES FINAIS

Fernando Ruivo, Clemens Zobel, Giovanni Allegretti

A questão da participação política formal de migrantes em Portugal não é um facto isolado. Ela acompanha, de certo modo, um processo de democratização com realce para a década de 1990, nomeadamente pela influência da integração do país no âmbito da União Europeia. Desde então, os imigrantes (não nacionais) residentes no território português, mediante o princípio da reciprocidade, que limitou a abrangência da inovação, puderam participar na política formal local pela primeira vez em 1997.

O estudo da participação formal dos imigrantes nas eleições locais portuguesas num contexto pós-colonial coloca o desafio de se pesar a influência da grande diversidade de variáveis que podem ou não estar ligadas à experiência colonial e ao processo da descolonização. Em primeiro lugar, o fraco grau do aproveitamento das leis que garantem os direitos de participação política ativa e passiva deve ser associado à fraqueza das capacidades de um Estado que não acompanha inovações político-legais com estratégias de informação e de avaliação. Este diagnóstico encontra-se confirmado se tomarmos em conta as tendências gerais ao nível europeu que apontam, muitas vezes, para o fraco empenho dos poderes públicos na matéria. Em segundo lugar, a discussão sobre a estrutura da lei de 1996, que aponta para a importância do princípio da reciprocidade, revela o contínuo interesse nacional que provoca aqui a exclusão de uma parte significativa dos imigrantes e, particularmente, dos nacionais dos países da CPLP que evocam ligações históricas muito fortes com Portugal. Ao mesmo tempo, a discussão sobre a reciprocidade, favorecendo particularmente os cabo-verdianos e os brasileiros residentes em Portugal, pode estimular a formulação de opções estratégicas que integrem a experiência colonial e o processo de descolonização. Em terceiro lugar, o caráter voluntário do recenseamento, assim como o facto de os partidos políticos não terem elaborado uma posição clara sobre a questão do voto imigrante e das possibilidades de integração nas suas estruturas, traduzem uma postura em que os direitos políticos dos imigrantes continuam a não ser uma prioridade comparativamente com os direitos económicos e aos direitos sociais.

A estes fatores ligados às características do sistema político português e aos seus valores podemos acrescentar a distância entre os cidadãos e as instituições locais e o fechamento da sua classe política em relação aos aspetos inovadores. Com efeito, se pensarmos no peso demográfico que os cidadãos estrangeiros têm na sociedade portuguesa, os resultados da lei de 1996 não são apenas pouco satisfatórios em termos da progressão da participação ao voto, mas também em termos da representação política. As escassas candidaturas de origem migrante presentes nas listas eleitorais foram quase sem exceção o resultado de solicitações por parte de personalidades políticas locais que procuraram candidatos bem inseridos em redes sociais que poderiam dar acesso a potenciais eleitores e, eventualmente, desempenhar o papel de intermediários dos grupos marginalizados. Mais uma vez se confirma aqui uma tendência europeia em que até recentemente os partidos políticos estavam pouco interessados na integração política dos não nacionais. A desmotivação de muitos quadros pela prática dos partidos em colocar candidatos em lugares não elegíveis reencontra-se nos países europeus, como no Reino Unido, por exemplo, em que alguns partidos têm uma ligação histórica com os assuntos migratórios. Apresenta-se aqui igualmente uma particularidade portuguesa: enquanto na maior parte da Europa os imigrantes se encontram sobretudo associados a partidos da esquerda, em Portugal a militância abrange todo o espectro político. No âmbito da experiência de Portugal como país de imigração, destaque-se o caso cabo-verdiano, que também representa o grupo mais proeminente em termos de recenseamento dos eleitores. A sua participação, assim como o seu destacado lugar no desenvolvimento de uma vida associativa envolve ligações políticas transnacionais, bem como uma forte prevalência de um grupo relacionado com um capital social, ainda enquadrado no contexto colonial. Aqui se encontram alguns efeitos prolongados de uma hierarquia implícita entre as diferentes colónias no âmbito do império português, mas também a consequente rutura pós-colonial através das novas vagas migratórias, questionando a representatividade da geração dos líderes relacionados com uma "elite colonial" no âmbito das associações e uma nova abordagem de intervenção e de participação. Em investigações comparativas futuras poderia ser interessante confrontar o caso dos cabo-verdianos em Portugal com certas categorias das chamadas "minorias étnicas" do Reino Unido, tal como os indianos e paquistaneses, que têm um alto nível de implicação cívica e politica. Esses grupos possuem também redes sociais e associativas importantes que abrangem a escala transnacional e que podem ser articulados com o uso de capitais sociais adquiridos durante o período colonial.

A nossa investigação demonstra, igualmente, a importância em analisar criticamente os conceitos de imigrante, não nacional e cidadão português de origem migrante em termos da sua utilidade para compreender a participação política na sociedade portuguesa. Em primeiro lugar, no âmbito do estudo quantitativo realizado aos cidadãos não nacionais ficou evidenciado que a maior parte dos nacionais de países da UE não se identifica com a categoria "imigrante". Na nossa pesquisa, frequentemente, era difícil aceder a essa categoria de pessoas, as quais muitas vezes não se sentem interessadas por uma investigação dedicada à participação formal de "imigrantes". Em segundo lugar, torna-se evidente que uma avaliação da participação dos não nacionais da CPLP não pode ser conduzida sem integrar a atividade política dos naturalizados. Através das pessoas entrevistadas ao longo do nosso estudo, assim como através dos participantes na apresentação dos resultados no nosso evento final, ficou muito claro que, quer para os eleitos e líderes políticos, quer para os quadros associativos, em relação à ação política, a distinção entre nacionais e não nacionais não se mostra pertinente.

Considerando que o direito de votar e de ser eleito é uma noção central das sociedades democráticas, representando quem é incluído ou excluído da sociedade (Omidvar, 2008: 161), podemos concluir que o quadro legal afasta uma parte importante dos não nacionais residentes da inserção na vida política formal, a qual corresponde a uma das formas de integração das populações migrantes no país de destino. Deste modo, passamos a apresentar um conjunto de sugestões que poderão estimular a reflexão sobre este tema e, consequentemente, proporcionar um quadro mais alargado e exequível de participação política formal dos imigrantes em Portugal:

1) Em relação ao princípio da **reciprocidade,** previsto na lei, destacamos a necessidade de se reforçar o debate sobre o condicionalismo que exige a reciprocidade na participação dos imigrantes residentes em Portugal. Nas discussões e entrevistas relacionadas com a nossa investigação, tornou-se evidente que a associação entre o estatuto de um não nacional com residência permanente em Portugal e o quadro legal no seu país de origem não faz sentido para quem procura a sua inserção na sociedade portuguesa. Um dos resultados práticos da nossa investigação foi a ampliação da reflexão sobre este assunto no sentido da sua inclusão num futuro projeto de reforma constitucional.

2) **Informação**: Regista-se a necessidade de uma reflexão conjunta (Municípios, Freguesias, SEF, ACIDI e Associações) e de uma estratégia de divulgação dos direitos políticos dos imigrantes. As campanhas de divulgação desenvolvidas pelo ACIDI e por algumas estruturas organizativas de imigrantes poderão ter um desempenho muito mais eficaz se desenvolvidas junto dos municípios e freguesias. O défice de informação verificado sobre os direitos políticos, para além de justificar o índice muito baixo ao nível do recenseamento eleitoral, demonstra, por outro lado, dificuldades de inserção dos imigrantes noutros contextos da sociedade portuguesa.

3) **Educação**: Realça-se a necessidade de uma aposta continuada ao nível da educação. Notamos que a formação e a sensibilização para ações cívicas revelam consequentemente uma maior ou menor capacidade de inserção nos espaços que potenciam a participação política. Deste modo, os grupos migrantes poderão contribuir positivamente nas diversas esferas sociais do país de destino e, assim, poderão estar presentes com real capacidade de influenciar decisões políticas, particularmente nos polos do poder local, vencendo os labirintos existentes nos partidos políticos.

4) Enquanto atores centrais do processo eleitoral, **os partidos políticos** têm uma responsabilidade particular em relação à inclusão de todas as categorias de cidadãos. Nesse sentido, as comparações ao nível europeu mostram bem o impacto positivo que os partidos políticos podem ter em relação à integração dos não nacionais. Assim, a nossa investigação confirmou que ao nível nacional os partidos políticos portugueses não têm uma estratégia sobre o acesso político formal das populações não nacionais e na maior parte dos casos não dispõem sequer de dados sobre os seus membros e eleitos estrangeiros ou de naturalidade estrangeira. Torna-se então urgente impulsionar reflexões sobre esta temática, a qual se encontra estreitamente ligada aos desafios colocados pela transformação e modernização da sociedade portuguesa.

5) **Produção e avaliação de dados**: Para conseguir elaborar políticas adequadas que estimulem o uso dos direitos políticos é imprescindível uma avaliação regular e sistemática da participação dos não nacionais nos processos eleitorais. Temos de estar conscientes de que a falta de aproveitamento que caracterizou as últimas quatro eleições

autárquicas é também a consequência de um acompanhamento deficiente do processo de implementação da Lei nº 50/96. Neste âmbito, para além das variações entre os dados fornecidos pelo STAPE (e, a partir de 2007, pela DGAI) em relação aos quatro ciclos eleitorais com participação de não nacionais, é igualmente fundamental prestar mais atenção ao nível das freguesias. Apesar da ausência de dados estatísticos ao nível nacional, o nosso estudo sugere serem as freguesias muitas vezes um quadro importante de atuação política.

6) **Aprofundamento e reorientação da investigação científica**: Como foi indicado no início do nosso estudo, a investigação sobre a participação política eleitoral dos não nacionais em Portugal é uma área ainda incipiente. A pesquisa mostrou que precisamos de construir uma visão mais abrangente da situação dos estrangeiros em todo o território do país. Isso é particularmente importante para uma compreensão da situação dos estrangeiros que vivem fora das grandes concentrações das áreas metropolitanas de Lisboa, da sua margem sul e do Porto. Ao longo do nosso estudo, torna-se particularmente evidente o facto de sabermos pouco sobre os cidadãos da UE. Em relação a essa categoria, a qual, como já foi indicado, não se identifica como "imigrante", é necessário desenvolver novos instrumentos de pesquisa. Em termos mais gerais, quer a situação dos europeus, quer igualmente a relativização da separação de nacionais e não nacionais pelos cidadãos ligados à CPLP sugere uma perspetiva científica pós-nacional em que as práticas políticas dos portugueses, dos cidadãos portugueses com origens não nacionais e dos não nacionais fazem parte de uma visão integrada e focalizada sobre o contexto comum da residência.

BIBLIOGRAFIA

ABÈLÉS, Marc (1990), *Anthropologie de l'État*. Paris: Armand Colin.

ALEXANDER, Michael (2004), "Comparing Local policies toward Migrants: Na Analytical Framework, a Typology and Preliminary Survey Results", *in* Rinus Penninx, Karen Kraal, Marco Martiniello e Steven Vertovec (orgs.), *Citizenship in European Cities: Immigrants, Local Politics and Integration Policies*. Aldershot: Ashgate.

ALLEGRETTI, G. (2010), "La partecipazione politica dei migranti, il caso del Portogallo", *in* número especial *Metamorfosi della democrazia*, da revista *Dalla Parte del Torto*, dezembro, Parma.

ALLEGRETTI, G.; HERZBERG, G., (2004), *El 'retorno de las carabelas'. Los presupuestos participativos de América Latina en el contexto europeo*. Amsterdam: Transnational Institute; Madrid: FIM [disponível em <http://www.tni.org/sites/www.tni.org/archives/reports/newpol/participatory-s.pdf>].

ALLEGRETTI, G.; ZOBEL, C. (2009a), "Il diritto al voto per gli immigrati extra-europei nelle elezioni amministrative. Il caso portoghese", documento apresentado no seminário *"Le nuove politiche per l'immigrazione. Sfide e opportunita"* organizado pelas fundações FARE FUTURO e ITALIANIEUROPEI, Asolo (TV), 16 de outubro.

ALLEGRETTI, G.; ZOBEL, C. (2009b), "Spazi di partecipazione politica per immigrati. Un'opportunità sottostimata nel Portogallo post-coloniale", *La Società degli individui*, 36: 66-82.

ALMEIDA, Miguel V. (2004), *Outros destinos: ensaios sobre antropologia e cidadania*. Porto: Campos das Letras.

AMÂNCIO, Lígia (1994), *Masculino e feminino: a construção social da diferença*. Porto: Afrontamento.

ANWAR, Muhammad (1984), *Ethnic Minorities and the 1984 General Election*, London: Commission for Racial Equality.

AR – Assembleia da República (2005), *Constituição da República Portuguesa* (VII Revisão Constitucional) [disponível em: <http://www.parlamento.pt/Legislacao/Paginas/ConstituicaoRepublicaPortuguesa.aspx>].

AR (2006), "Lei Orgânica nº 3/2006, de 21 de Agosto, Lei da paridade", *Diário da República*, 1ª Série, de 21 de agosto de 2006 [disponível em: <http://dre.pt/pdf1sdip/2006/08/16000/58965897.pdf>].

ATKINSON, Rob; SMITH, Ian; SWEETING, David (2007), "A governação urbana inglesa em transformação: um paradoxo de descentralização e (re)centralização", *Revista Crítica de Ciências Sociais*, 77: 59-79.

AUGÉ, Marc (1992), *Non-Lieux, Introduction à une Anthropologie de la Surmodernité*. Paris: Seuil.

AZEVEDO, C., (1989), *Classe Política Portuguesa*. Lisboa: Reproscan.

BAGANHA, Maria I. (1998), "Portuguese Emigration after World War II", *in* A. Costa Pinto (org.), *Modern Portugal*. Palo Alto: The Society for the Promotion of Science and Scholarship.

BAGANHA, Maria I. (2000), "Immigrants Social Citizenship and Labour Market Dynamics in Portugal", *in* M. Bommes, A. Geddes (orgs.), *Immigration and Welfare.Challenging the Borders of the Welfare State*. London: Routledge, pp. 170-188.

BAGANHA, Maria I. (2001), "A cada sul o seu norte: Dinâmicas migratórias em Portugal", *in* Boaventura de Sousa Santos (org.), *Globalização, Fatalidade ou Utopia?* Porto: Afrontamento, pp. 135-159.

BAGANHA, Maria I. (2005), "Política de imigração: a regulação dos fluxos", *Revista Crítica de Ciências Sociais*, 73: 29-44.

BAGANHA, Maria I.; MARQUES, J. C., (2001), *Imigração e política. O caso português*. Lisboa: Fundação Luso-Americana.

BAGANHA, Maria I.; MARQUES, José C.; FONSECA, Graça (2000), *Is an Ethclass Emerging in Europe? The Portuguese Case*. Lisboa: Luso American Development Foundation.

BAGANHA, Maria I.; MARQUES, José C.; GÓIS, Pedro (2004), "A Imigração do Leste em Portugal", *Revista Crítica de Ciências Sociais*, 69: 95-115.

BARBOSA, Carlos Elias; RAMOS, Max Ruben (2008), "Vozes e movimentos de afirmação: os filhos de cabo-verdianos em Portugal", *in* Pedro Góis (org.), *Comunidade(s) Caboverdiana(s): as múltiplas faces da imigração cabo-verdiana*. Lisboa: ACIDI, pp. 173-191.

BATALHA, Luís (2004), "A elite portuguesa-cabo-verdiana: ascensão e queda de um grupo colonial intermédio", *in* Clara Carvalho e João Pina Cabral (orgs.), *A persistência da História: Passado e contemporaneidade em África*. Lisboa: Imprensa de Ciências Sociais, pp. 191-225 [disponível em <http://www.iscsp.utl.pt/~lbatalha /downloads/eliteportuguesacaboverdiana.pdf>].

BAUBÖCK, Rainer (1994), *Transnational Citizenship*. Aldershot: Edgar.

BAUBÖCK, Rainer (1998), "The Crossing and Blurring of Boundaries in International Migration. Challenges for Social and Political Theory." *in* Rainer Bauböck; John Rundell (orgs.), *Blurred Boundaries: migration, ethnicity, citizenship*. Aldershot: Ashgate, pp. 17-52.

BENITO, Miguel (2005), *Active Civic Participation of Immigrants in Sweden*, Relatório Nacional preparado para o Projecto de Investigação Europeu POLITIS, Univ.

Oldenburg [disponível em <http://www.politis-europe.uni-oldenburg.de/download/Sweden.pdf>].

BERTHET, Thierry (1999), "Doit-on parler de politiques locales de l'ethnicité?". *in* Richard Balme, Alain Faure e Albert Mabileau (orgs.), *Les Nouvelles Politiques Locales: Dynamiques de l'Action Publique*. Paris: Presses de la Fondation Nationale des Sciences Politiques.

BIAGIONI, M. (2002), "Migranti e nuovo municipio", *in* P. Sullo (org.), *La democrazia possibile. Il cantiere del nuovo municipio e le nuove forme di partecipazione da Porto Alegre al nuovo continente*. Roma/Napoli: Intramoenia/Carta.

BOURDIEU, Pierre (2008), *A Distinção: crítica social do julgamento*. São Paulo: Edusp/ /Porto Alegre: Zouk.

BOUZIRI, Saïd (2007), "Pour que tous soient simplement citoyens!", *Migrations Société*, 19(114): 219-226.

BRITO, Wladimir (2004), "Cidadania Transnacional ou Nacionalidade Lusófona?", *Direito e Cidadania*, 19: 215-228.

BRUBAKER, Rogers (2001), *Citizenship and Nationhood in France and Germany*. Cambridge: Harvard University Press.

BURNS, Tom; FLAM, Helena (1987), *The Shaping of Social Organizations*. London: Sage.

CABRAL, M. Villaverde (1993), "Atitudes da população portuguesa perante o Desenvolvimento", *in* FLAD (org.), *Sociedade, Valores Culturais e Desenvolvimento*. Lisboa: D. Quixote.

CABRAL, M. Villaverde (1997), *Cidadania Política e Equidade Social em Portugal*. Oeiras: Celta Editora.

CALLON, M. (1986), "Éléments pour une sociologie de la traduction", *L'Année Sociologique*, XXXVI.

CANÇO, Dina; SANTOS, Fernanda (2009), *A Igualdade de Género em Portugal 2009*. Lisboa: Comissão para a Cidadania e Igualdade de Género [disponível em <http://www.cig.gov.pt>, acedido a 15/03/2010].

CARVALHAIS, Isabel E. (2004), *Toward Postnational Citizenship in the State-Society Relation: the dynamics of political inclusion of non-national citizens in Portugal*, dissertação de doutoramento, University of Warwick.

CARVALHAIS, Isabel E. (2006), "Condição pós-nacional da cidadania política: pensar a integração de residentes não-nacionais em Portugal", *Sociologia Problemas e Práticas*, 50: 109-130 [disponível em <http://sociologiapp.iscte.pt/fichaartigo. jsp?pkid=528>].

CASTLES, Stephen; MILLER, Mark J. (2009), *The Age of Migration. International Population Movement in the Modern World*, 4th ed. New York: Palgrave Macmillan.

CHELIUS, Letícia (2007), "Redefinindo a geografia política nacional: sobre a participação política dos cidadãos brasileiros no exterior", *in* Jorge M. Malheiros (org.), *Imigração Brasileira em Portugal*. Lisboa: ACIDI, pp. 205-216.

CIPRIANO, A. P. (2001), *Participação Eleitoral, As minorias étnicas e o exercício do voto: a participação dos caboverdianos nas eleições autárquicas*. Lisboa: Instituto Superior de Ciências Sociais e Políticas (polic.).

COMISSÃO EUROPEIA (2007), *Comunicação da Comissão ao Parlamento Europeu, ao Conselho, ao Comité Económico e Social Europeu e ao Comité das Regiões – Rumo a uma política comum de imigração*, COM(2007) 780 final, Bruxelas, 5 de dezembro [disponível em <http://eur-lex.europa.eu/LexUriServ/LexUriServ.do?uri=COM: 2007:0780:FIN:PT:HTML>].

CORDEIRO, Alberto (2004), "Comment interpreter la faible participation civique des Portugais de France? Exception ou conformisme ambiant?", *Cahiers de l'Urmis*, 9 [disponível em <http://urmis.revieus.org/document34.html>, acedido em 27/02/2009].

CORDEIRO, Ana Paula (2004), *Imigrantes, Minorias Étnicas e Autarquias: Intervenções e Omissões – Práticas Políticas no Município da Amadora*, tese de doutoramento pela Universidade Aberta.

CYRUS, N. (2005), "Active Civic Participation of Immigrants in Germany", Relatório Nacional preparado para o Projecto de Investigação Europeu POLITIS, Univ. Oldenburg [disponível em <http://www.politis-europe.uni-oldenburg.de/download/Germany.pdf>].

DELEMOTTE, Bernard (2007), "Le droit de vote des étrangers en France. Historique et état des lieux", *Migrations Société*, 19(114): 205-217.

DERVIN, Fred; WIBERG, Matti (2007), "Présence absente des électeurs étrangers en Finlande", *Migrations Société*, 19(114): 99-113.

DIAS, Joana Amaral (2006), "Política imberbe", *Diário de Notícias*, 4 de setembro [disponível em <http://dn.sapo.pt/inicio/interior.aspx?content_id=645513>, acedido em 15/03/2010].

DIEHL, C.; URBAHN, J.; ESSER, H. (1998), *Die soziale und politische Partizipation von Zuwanderern in der Bundesrepublik Deutschland*. Bonn: Friedrich-Ebert-Stiftung.

DGAI – DIRECÇÃO-GERAL DE ADMINISTRAÇÃO INTERNA (2011), *Dados Estatísticos* [disponível em <http://www.dgai.mai.gov.pt/?area=103&mid=011 &sid=014>].

DR – DIÁRIO DA REPÚBLICA (1997), *Declaração nº 2-A/97*, de 7 de abril, Suplemento ao Diário nº 85/97, I Série-A, de 11 de abril [disponível em <http://dre.pt/pdfgratis/1997/04/085A01.pdf>].

DR (2001), *Declaração nº 10/2001*, de 5 de setembro, Diário nº 213, I Série-A de 13 de abril [disponível em <http://dre.pt/pdfgratis/2001/09/213A00.pdf>].

DR (2005), *Declaração 9/2005*, de 24 de junho, Diário nº 130, I Série-A, de 8 de julho [disponível em <http://dre.pt/pdfgratis/2005/07/130A00.pdf>]

DUBAJIC, Nénad (2007), "Le Vote des Étrangers au Luxembourg: Évolution de 1999 à 2005", *Migrations Société*, 19(114): 129-140.

DÜVELL, Frank (2005), "Active Civic Participation of Migrants in the United Kingdom", Relatório Nacional preparado para o Projecto de Investigação Europeu POLITIS, Univ. Oldenburg [disponível em <http://www.politis-europe.uni-oldenburg.de/download/UK.pdf>, acedido em 28/05/2009].

ESCOBAR, Arturo (1995), *Encountering Development: The Making and Unmaking of the Third World*. Princeton: Princeton University Press.

ESTANQUE, Elísio (2005), "Trabalho, Desigualdades Sociais e Sindicalismo", *Revista Crítica de Ciências Sociais*, 71: 113-140.

ESTEVES, Maria do Céu (org.) (1991), *Portugal País de Imigração*. Lisboa: IED – Instituto de Estudos para o Desenvolvimento.

FERGUSON, James (2004), "Power Topographies", *in* D. Nugent e J. Vincent (orgs.), *Companion to the Anthropology of Politics*. Malden: Blackwell, pp. 383-398.

FRANÇA, Luís (coord.) (1992), *A Comunidade Cabo-verdiana em Portugal*. Lisboa: Instituto de Estudos para o Desenvolvimento.

FRANCISCO, Daniel (2007), "Território chamado desejo: da largueza dos conceitos à contenção das experiências", *Revista Crítica de Ciências Sociais*, 77: 165-199.

FREIRE, A.; MAGALHÃES, P. (2002), *A abstenção eleitoral em Portugal*. Lisboa: Imprensa de Ciências Sociais.

FRIEDMAN, John (1996), *Empowerment: Uma Política de Desenvolvimento Alternativo*. Oeiras: Celta.

GARBAYE, Romain (2004), "Ethnic Minority Local Councillors in French and British Cities: Social Determinants and Political Opportunity Structures", *in* Rinus Penninx, K. Kraal, M. Martiniello e S. Vertovec (orgs.), *Citizenship in European Cities: Immigrants, Local Politics and Integration Policies*. Aldershot: Ashgate.

GEYER, Florian (2007), "Trends in the EU-27 Regarding Participation of Third Country Nationals in the Host Country's Political Life", Documento Informativo para a Comissão LIBE do Parlamento Europeu, Brussel [disponível em <http://www.ceps.eu/system/files/old/TCNparticipationEP.pdf>, acedido em 15/07/2010].

GÓIS, Pedro (2006), *A Emigração Cabo-verdiana para (e na) Europa e a sua Inserção em mercados de trabalho locais: Lisboa, Milão, Roterdão*. Lisboa: ACIME.

GROENENDIJK, Kees (2008), *Local Voting Rights for Non-Nationals in Europe: What We Know and What We Need to Learn*. Washington DC: Migration Policy Institute [disponível em <http://www.migrationpolicy.org/transatlantic/docs/Groenendijk-FINAL.pdf>, acedido em 15/07/2010].

HORTA, Ana P. B. (2002), "Multiculturalism in abeyance: immigration and local politics in the periphery of Lisbon", *in* M. L. Fonseca, J. Malheiros, N. Ribas-Mateos, P. White e A. Esteves (orgs.), *Immigration and Place in Mediterranean Metropolises*. Lisboa: Fundação Luso-Americana, pp. 153-172.

HORTA, Ana P. B. (2008), *A construção da Alteridade: Nacionalidade, Políticas de Imigração e Acção Colectiva Migrante na Sociedade Portuguesa Pós-Colonial*. Lisboa: Fundação Calouste Gulbenkian/Fundação para a Ciência e a Tecnologia.

HORTA, Ana P. B.; MALHEIROS, Jorge M. (2005), "Social Capital and Migrants' Political Integration: The Case Study of Capverdean Associations in the Region of Lisbon". International Conference – Cape Verdean Migration and Diáspora, Centro de Estudos de Antropologia Social, Lisboa, 6 a 8 de abril.

INE – INSTITUTO NACIONAL DE ESTATÍSTICA (s/d), *Estatísticas Demográficas* (vários anos) [disponível em <http://www.ine.pt/xportal/xmain?xpid=INE&xpgid=ine_publicacoes>].

Irish Times (2010), "Number of migrants voting in local elections rises 44%", 6 de junho [disponível em <http://www.irishtimes.com/newspaper/ireland/2010/0616/1224272616926.html>, acedido em 10/07/2010].

KHAN, Sheila (2006), "Imigrantes Afro-Moçambicanos: narrativas de vida e de identidade, e percepção de um Portugal pós-colonial", *Luso-Brazilian Review*, 43: 1-26.

KOOPMANS, R.; STATHAM, P. (2000), "Migrant Mobilization and Political Opportunities: An Empirical Assessment of Local and National Variation", comunicação apresentada na *Conference Explaining Changes in Migration Policy: Debates from Different Perspectives*, Genève, 27-28 de outubro.

LAGROYE, J.; WRIGHT, V. (1979), *Local Government in Britain and France. Problems and Prospects*. London: Allen & Unwin.

LAGUERRE, Michel (1994), *The Informal City*. London: MacMillan.

LEITÃO, José (s/d), *Estudo Sobre a Cidadania e Circulação no Espaço da CPLP* [disponível em <http://www.cplp.org/Files/Filer/cplp/cidCirc/Binder1.pdf>, acedido em 3/09/2009].

MACHADO, Fernando L. (1992), "Etnicidade em Portugal: Contrastes e Politização", *Sociologia: Problemas e Práticas*, 12: 123-136.

MACHADO, Fernando L. (1997), "Contornos e Especificidades da Imigração em Portugal", *Sociologia: Problemas e Práticas*, 27: 9-56.

MAHNIG, Hans (2004), "The Politics of Minority-Majority Relations: How Immigrant Policies Developed in Paris, Berlin and Zurich", *in* Rinus Penninx, K. Kraal, M. Martiniello e S. Vertovec (orgs.), *Citizenship in European Cities: Immigrants, Local Politics and Integration Policies*. Aldershot: Ashgate.

MALHEIROS, Jorge (2007), "Os brasileiros em Portugal – a síntese do que sabemos", *in* Jorge Malheiros (org.), *Imigração Brasileira em Portugal*. Lisboa: ACIDI, pp. 11-37.

MALHEIROS, Jorge; VALA, Francisco (2004), "Immigration and City Change: The Lisbon metropolis at the turn of the twentieth century", *Journal of Ethnic and Migration Studies*, 30(6): 1065-1086.

MAMDANI, Mahmood (1996), *Citizen and Subject: Contemporary Africa and the Legacy of Late Colonialism*. London: James Currey.

MARQUES, M. Margarida (2008), "As Associações de Origem Imigrante e a Emergência de um novo Campo de Intermediação de Interesses", *in* M. Margarida Marques, Rui Santos e José Leitão (orgs.), *Migrações e Participação Social*. Lisboa: Fim de Século, pp. 141-159.

MARQUES, M. Margarida; SANTOS, Rui (2008), "Política, Estado Social e Participação dos Imigrantes em Contextos Suburbanos: Oeiras durante a Década de 1990", *in* M. Margarida Marques, Rui Santos e José Leitão (orgs.), *Migrações e Participação Social*. Lisboa: Fim de Século, pp. 47-83.

MARQUES, M. Margarida; SANTOS, Rui; RALHA, Tiago (1999a), "Immigrants' Participation in Civil Society in a Suburban Context: between 'top-down activation' and 'bottom-up mobilization'", *Working Papers 12*, Lisboa: SociNova.

MARQUES, M. Margarida; RALHA, Tiago; OLIVEIRA, Catarina; JUSTINO, David (1999b), "Between the Lusophone Community and European Integration, Where Do Immigrants Fit In?": *Immigration and Citizenship in Portugal* (Work. Papers 10). Lisboa: SociNova.

MARQUES, M. Margarida; MAPRIL, José; DIAS, Nuno (2003), "Migrant's Associations and their Elites: Building a new Field of Interest Representation", comunicação apresentada no seminário «Elites», organizado por Pedro Tavares de Almeida, FCSH-UNL, Lisboa, junho [disponível em <http://www.fcsh. unl.pt/ socinova/migration/workingpapers/Assocfinal2.pdf>, acedido em 6/06/2008].

MARTINIELLO, Marco (1998), "Les immigrés et les monorités ethniques dans les institutions politiques: ethnicisation des systemes politiques européens ou reforcement de la démocratie?", *Revue Européene des Migrations Internationales*, 14(2): 9-17.

MARTINIELLO, Marco (2005), "Political Participation, Mobilisation and Representation of Immigrants and their Offspring in Europe", *Willy Brandt Series of*

134 ACESSO FORMAL DOS IMIGRANTES AOS ESPAÇOS POLÍTICOS

Working Papers in International Migration and Ethnic Relations, 1/05, Malmö: Malmö University [disponível em <http://dspace.mah.se/handle/2043/1495>].

MARTINIELLO, Marco (2006a), "Political participation, mobilisation and representation of immigrants and their offspring in Europe", *in* Reiner Bauböck (org.), *Migration and Citizenship: Legal Status, Rights and Political Participation*. IMISCOE Reports, Amsterdam: Amsterdam University Press, pp. 83-112.

MARTINIELLO, Marco (2006b), "Political participation of immigrants in EU", *Equal Voices*, 20 [disponível em <http://eumc.europa.eu/eumc/index.php?fuseaction =content.dsp_cat_content&contentid=45c3533bf3715&catid=45b5f516e619c& search=1&frmsearch=martiniello&lang=EN>, acedido em 29/05/2008].

MARTINS, Manuel Meirinho (2004), *Participação Política e Democracia. O Caso Português (1976-2000)*. Lisboa: Inst. Superior de Ciências Sociais e Políticas.

MARTINS, Manuel Meirinho; TEIXEIRA, Conceição Pequito (2005), *O funcionamento dos partidos e a participação das mulheres na vida política e partidária em Portugal*. Lisboa: Comissão para a Igualdade e para o Direito das Mulheres.

MAZET, Pierre (2007), "Os usos institucionais da sociedade civil: O exemplo dos Conselhos de Aglomeração", *Revista Crítica de Ciências Sociais*, 77: 37-57.

MESSINA, A. M. (2006), "The Political Incorporation of Immigrants in Europe: Trends and Implications", *in* A. M. Messina e G. Lahav (orgs.), *The Migration Reader. Exploring Politics and Policies*. Boulder/London: Lynne Rienner, pp. 470-493.

NDI – NATIONAL DEMOCRATIC INSTITUTE (2006), "The Hungarian Minority Self-Government System as a Means of Increasing Romani Political Participation", *National Democratic Institute Assessment Report, September/October*. Washington DC: NDI [disponível em <http://www.ndi.org/node/13731>].

OMIDVAR RATNA (2008), "Think Global, Vote Local", *Diversity*, 6 (4): 161-163.

ORIOL, Paul (2007), "Le droit de vote des résidents étrangers dans l'Union Européenne", *Migrations Société*, 19(114): 83-97.

PAIVA, Raquel (2008), *Política: palavra feminina*. Rio de Janeiro: Mauad X.

PETRAS, Elizabeth (1981), "The global market in the modern world-economy", *in* Mary M. Kritz, C. B. Keely e S. M. Tomasi (orgs.), *Global Trends in Migration: Theory and Research on International Population Movements*. New York: Center for Migration Studies, pp. 44-63.

PIRES, Rui P.; MARANHÃO, M. José; QUINTELA, João P.; MONIZ, Fernando; PISCO, Manuel (1984), *Os Retornados: um estudo sociográfico*. Lisboa: Instituto de Estudos para o Desenvolvimento.

PORTELLI, Alessandro (1985), *Biografia di una Città – Storia e Racconto: Terni 1830-1985*. Torino: Giulio Einaudi.

PIO – PORTUGUESE IMMIGRATION OBSERVATORY (2006), *Getting to Know More, So as to act better. Summaries of Studies Published by the Portuguese Immigration Observatory*. Lisboa: PIO.

RAJ, Dhooleka S. (2003), *Where are you from?: middle-class migrants in the modern world*. Berkeley: University of California.

REIS, José; SANTOS-PEREIRA, Tiago; TOLDA, João; SERRA, Nuno (2010), *Imigrantes em Portugal: Economia, Pessoas, Qualificações e Territórios*. Coimbra: Almedina.

ROCHA-TRINDADE, M. B. (1995), *Manual de Sociologia das Migrações*. Lisboa: Universidade Aberta.

ROSA, Maria; SEABRA, Hugo; SANTOS, Tiago (2004), *Contributos dos Imigrantes na Demografia Portuguesa. O papel das populações de nacionalidade estrangeira*. Lisboa: ACIME/Observatório de Imigração.

RUIVO, Fernando (1990), "Local e Política em Portugal: o Poder Local na Mediação entre Centro e Periferia", *Revista Crítica de Ciências Sociais*, 33.

RUIVO, Fernando (1993), "Estado e Poder relacional: a intervenção informal dos Governos Locais em Portugal", *in* Boaventura de Sousa Santos (org.), *Portugal: Um Retrato Singular*. Porto: Afrontamento.

RUIVO, Fernando (2000a), *O Estado Labiríntico: o Poder Relacional entre Poderes Central e Local em Portugal*. Porto: Afrontamento.

RUIVO, Fernando (2000b), *Poder Local e Exclusão Social*. Coimbra: Quarteto.

RUIVO, Fernando (2002), "Localização de Políticas Públicas", *Oficina do CES*, 178 [disponível em <http://www.ces.uc.pt/publicacoes/oficina/index.php?id=2589>].

RUIVO, Fernando (2008), "A Face Oculta da Lua: Reflexões sobre a Relação entre o Formal e o Informal", *Cadernos do Observatório dos Poderes Locais*, 12 [disponível em <http://www.opl.com.pt/uploads/publicacoes_opl/14/ficheiro/formalinformaldefinitvo.pdf>].

RUIVO, Fernando; VENEZA, Ana (1988), "Seis Questões pelo Poder Local", *Revista Crítica de Ciências Sociais*, 25-26 [disponível em <http://www.ces.uc.pt/rcss/includes/download.php?id=356>].

SAGGAR, Shamit (2000), *Race and Representation: Electoral Politics and Ethnic Pluralism in Britain*. Manchester: Manchester University Press.

SAGNE, Silvain; SAKSELA, Sanna; WILHELMSSON, Niklas (2005), *Active civic participation of immigrants in Finland*, Relatório Nacional preparado para o Projecto de Investigação Europeu POLITIS, Univ. Oldenburg [disponível em <http://www.politis-europe.uni-oldenburg.de/download/Finland.pdf>].

SAINT-MAURICE, A. (1997), *Identidades reconstruídas: Cabo-verdianos em Portugal*. Oeiras: Celta.

SANTOS, Boaventura de Sousa (1994), *Pela mão de Alice. O social e o político na pós-modernidade*. Porto: Afrontamento, pp. 119-137.

SANTOS, Boaventura de Sousa (2005), *Democratizing Democracy. Beyond the Liberal Canon*. London: Verso.

SANTOS, Boaventura de Sousa (2006), *A Gramática do Tempo: para uma nova cultura política*. Porto: Afrontamento, pp. 295-316.

SANTOS, Clara Almeida (2007), *Imagens de mulheres imigrantes na imprensa portuguesa: análise do ano 2003*. Lisboa: Alto Comissariado para a Imigração e Diálogo Intercultural.

SARRÓ, Ramon; MAPRIL, José (2009), "Cidadãos e súbditos: o legado colonial na cidadania da Europa", *Le Monde Diplomatique* – Edição Portuguesa, fevereiro, II Série, nº 28.

SEF – SERVIÇOS DE ESTRANGEIROS E FRONTEIRAS (2008), *Relatório de Imigração, Fronteiras e Asilo 2008*. Lisboa: Serviço de Estrangeiros e Fronteiras/Departamento de Planeamento e Formação [disponível em <http://sefstat.sef.pt/rela torios.aspx>].

SEF (2011), *População Estrangeira Residente em Portugal* [disponível em <http://sefstat. sef.pt/distritos.aspx>].

SERRÃO, Joel (1977), *A Emigração Portuguesa – Sondagem Histórica*. Lisboa: Livros Horizonte.

SOININEN, Maritta (2007), "30 Years of Voting Rights for Immigrants in Swedish Local Elections – But Still Not Voting", comunicação apresentada no colóquio sobre "Political Participation of Aliens at Local Level", Institut de Dret Public, Barcelona, 19-20 de julho.

SOUSA, Nardy (2001), "Participação Política dos Imigrantes Cabo-verdianos nas últimas eleições Autárquicas em Portugal", *Direito e Cidadania*, IV (12/13): 133-141.

SOYSAL, Yasmin (1994), *Limits of citizenship*. Chicago/London: The University of Chicago Press.

STRUDEL, Sylvie (2003), "Polyrythmie européenne: Le droit de suffrage municipal des étrangers au sein de l'Union, une règle électorale entre détournements et retardements", *Revue française de science politique*, 53(1): 3-34.

TEIXEIRA, Ana; ALBUQUERQUE, Rosana (2005), "Active Civic Participation of Immigrants in Portugal", Relatório Nacional preparado para o Projecto de Investigação Europeu POLITIS, Univ. Oldenburg [disponível em <http://www.politis -europe.uni-oldenburg.de/download/Portugal.pdf>].

UGBA, Abel (2005), "Active Civic Participation of Immigrants in Ireland", Relatório Nacional preparado para o Projecto de Investigação Europeu POLITIS [disponível em <http://www.politis-europe.uni-oldenburg.de/download/Ireland. pdf>].

ULVSKOG, Marita; SAHLIN, Mona (2003), "Policies for Democracy", Comunicação do governo 2003/04:110 (apresentada ao parlamento sueco a 11 de março de 2004).

VOGEL, D.; VON OSSIETZKY, K. (2005), *Building Europe with New Citizens? An Inquiry into the Civic Participation of Naturalised Citizens and Foreign Residents in 25 Countries*, POLITIS, State of the Art. Brussel: Comissão Europeia, DG Investigação [disponível em <ftp://ftp.cordis.europa.eu/pub/citizens/docs/cit2-2004-505987 politis21724en.pdf>].

WALDRAUCH, Harald (2003), "Electoral rights for foreign nationals: a comparative overview of regulations in 36 countries", *National Europe Centre*, Paper No. 73, European Centre for Social Welfare Policy and Research.

WILLIAMS, Allan; KING, Russell; WARNES, Tony (1997), "A place in the Sun: International Retirement Migration from northern to Southern Europe", *European Urban and Regional Studies*, 4(2): 115-134 [disponível em <http://eur.sagepub. com/content/4/2.toc>, acedido em 27/05/2008)].

ZOBEL, Clemens, (2001), "De la renaissance à la rémanence: la politique de décentralisation au Mali", *in* T. Landry e C. Zobel (orgs.), *Postcolonialisme, Postsocialisme et Posterité de l'Idéologie*. Paris: Dossiers Africains, EHESS, pp. 123-139.

ZOBEL, Clemens; BARBOSA, Carlos Elias (2009), "Aproximación à Participación Formal de Cidadáns dos Países Lusófonos na Política Local Portuguesa", *Tempo Exterior*, nº 19, Vol. X(I): 47-60.

ZUKAUSKIENE, Rita (2005), "Active Civic Participation of Immigrants in Lithuania", Relatório Nacional preparado para o Projecto de Investigação Europeu POLITIS [disponível em <http://www.politis-europe.uni-oldenburg.de/download/ Lithuania.pdf>].

SOBRE OS AUTORES

Fernando Ruivo
Fernando Ruivo é Professor da Faculdade de Economia da Universidade de Coimbra e Investigador Permanente do Centro de Estudos Sociais desde a sua fundação (de que foi Vice-diretor). Na mesma Faculdade, foi Coordenador da Licenciatura em Sociologia e cocoordena atualmente os Programas de Mestrado "Políticas Locais e Descentralização" e de Doutoramento "Democracia no Século XXI". Coordena igualmente o "Observatório dos Poderes Locais" junto do Centro de Estudos Sociais. Realizou estágios de investigação e lecionou em Universidades de vários países. É também autor de vasta bibliografia subordinada a diversos temas, com muito especial enfoque no de "Poderes Locais", tema com que se doutorou em "Sociologia do Estado, do Direito e da Administração" pela Universidade de Coimbra.

Clemens Zobel
Clemens Zobel é Doutorado em Antropologia (2000) pela École des Hautes Études en Sciences Sociales de Paris e pela Universidade de Viena, Áustria. É Professor Associado no departamento de Ciência Política da Universidade Paris 8 e membro associado do Centro de Estudos Sociais (CES) da Universidade de Coimbra. Os seus interesses de pesquisa estão relacionados com os espaços políticos locais na África subsaariana e na Europa, as experimentações democráticas, as dinâmicas migratórias e as estruturas históricas e contemporâneos dos Estados pós-coloniais. Participa atualmente no projeto de investigação europeu TOLERACE sobre migração e políticas antidiscriminatórias.

Giovanni Allegretti
Giovanni Allegretti é Licenciado em Arquitetura (1996) e Doutorado em Planeamento Urbano, Territorial e Ambiental (2000) pela Universidade de Florença, Itália. Atualmente, é investigador sénior do Centro de Estudos Sociais (CES) da Universidade de Coimbra onde cocoordena o observatório PEOPLEs'. As suas áreas principais de pesquisa incluem a participação dos cidadãos na gestão das transformações territoriais e nos orçamentos em diferentes continentes, as redes autárquicas, a reintegração da cidade informal e os usos excêntricos dos espaços públicos. Em 2000, recebeu o prémio *City and Immigration* da Revista *Planum* do Istituto Nazionale di Urbanistica,

de Itália. Atualmente participa no projeto "Migration studies and the biographical approach: building a collaborative work in the portuguese context", financiado pela FCT.

Carlos Elias Barbosa

Carlos Elias Barbosa é licenciado e mestre pela FEUC e doutorando pelo CES/FEUC com o apoio da FCT, estando a desenvolver uma pesquisa sobre as dinâmicas migratórias de e para o Arquipélago de Cabo Verde. Tem participado em vários projetos de investigação sobre a imigração em Portugal, abordando também a questão do transnacionalismo migrante. Atualmente participa no projeto em curso "Migration studies and the biographical approach: building a collaborative work in the portuguese context" (PTDC/CS-ANT/111721/2009), desenvolvido pelo Centro de Estudos Sociais e financiado pela FCT.

Ilda Fortes

Ilda Isabel Vieira Fortes é licenciada em Jornalismo e mestre em Comunicação e Jornalismo pela Universidade de Coimbra. Na sua tese de mestrado, analisou a representação mediática dos bairros sociais da Área Metropolitana de Lisboa. Durante três anos, trabalhou no projeto "Media, Imigração e Minorias Étnicas", coordenado pela Dra. Isabel Ferin e financiado pelo Alto Comissariado para a Imigração e Diálogo Intercultural. Atualmente trabalha como jornalista em Cabo Verde.

ANEXOS

ANEXO 1 – GUIÃO DE ENTREVISTAS EXPLORATÓRIAS AOS ATORES SOCIOINSTITUCIONAIS, POLÍTICOS E ELEITOS LOCAIS

Institucional

– Acerca da associação (quem é, nascimento, atividades, trabalho desenvolvido, com quem e para quem, principais objetivos...);

– A nível político, qual/como tem sido a atuação da associação (a que níveis, com que objetivos);

– Redes de contacto e parcerias (outras associações e instituições; locais, nacionais, transnacionais);

Perceções e avaliação

Avaliação do fenómeno migratório e situação dos grupos migrantes em Portugal (imigrantes, retornados e descendentes)

– Evolução do fenómeno migratório (quantitativo, nacionalidades, razões, caráter (laboral ou não laboral, individual ou familiar, idade, género, localização de residência... situação de chegada e atual);

– Principais problemas e dificuldades vivenciados pelos grupos migrantes, no passado e na atualidade (imigrantes/retornados);

– Identificação de estratégias e de intervenção social e iniciativas de intervenção junto dos grupos migrantes. Identificação de agentes mais bem posicionados para desencadear tais estratégias.

– Avaliação do grau e modalidades de integração dos grupos migrantes na sociedade portuguesa (existência de integração, reflexão sobre o conceito); grau de integração; de que forma se integram; principais dificuldades/obstáculos. O que é uma pessoa "bem integrada" na sociedade portuguesa?

– Regista-se entre os diferentes grupos comportamentos e modos de participação diferenciados em esferas/espaços da sociedade maioritária? Quais? (Sociocultural; Económico; Político)

– Contactos fora de Portugal (Tipo; Intensidade; Objetivos)

– Organizações políticas transnacionais/Uniões transnacionais (*lobbies* em Portugal e no exterior)/atividades partidárias

– Que influências têm as comunidades transnacionais nas medidas e políticas dos governos (Origem/Destino)

– Ações políticas dirigidas aos emigrantes e às comunidades (Estratégias do Estado do país origem)

– Participação política (voto local/voto na origem); As oportunidades de participação política são aproveitadas/subaproveitadas?

Perceção e avaliação de medidas e de políticas nacionais

– Conhecimento e avaliação da legislação nacional ao nível do enquadramento da imigração – (O que pensa ou como avalia? Eficácia, cobertura de resultados, transformações e desafios).

– Avaliação da legislação sobre a participação política dos imigrantes (Abrangências e limites)

Avaliação da sociedade portuguesa

– Avaliação da recetividade da sociedade portuguesa face às populações migrantes (imigrantes e retornados) no passado e na atualidade. (Como foram recebidos os primeiros fluxos? Grau de aceitação? E atualmente, como é a receção e a aceitação?)

– Atitude dominante da sociedade portuguesa face a outros grupos migrantes. (O que pensam dos imigrantes? E dos retornados? Como são encarados?)

– Formas e níveis de acolhimento de imigrantes (tipo de imigrantes) no seio dos partidos políticos?

Racismo e discriminação

– Existência de preconceitos face aos grupos migrantes (Contextos; aspetos ou domínios de discriminação; motivos).

– Oportunidades similares ou diferenciadas face à sociedade portuguesa. Direitos não exercidos pelos grupos migrantes (**Dimensões**: direito à segurança social; ao SNS; à habitação; à educação, ao trabalho; à retribuição do trabalho; a condições de trabalho socialmente dignificantes; ao livre exercício do direito sindical; à segurança; à liberdade de expressão; à propriedade privada; à participação política; ao acesso ao Direito e aos tribunais, etc.).

– Existência de marginalização? (Racismo institucional; racismo quotidiano latente ou manifesto) Causas e consequências.

ANEXO 2 – GUIÃO UTILIZADO NOS FOCUS GROUPS

1 – Breve Apresentação do Projeto e objetivos da reunião

2 – Apresentação individual
- Nome
- Idade
- Nacionalidade
- Onde moram (freguesia/bairro)
- Há quanto tempo estão em Portugal
- Profissão

3 – Participação política

a) Como obtiveram conhecimento do direito de participação política dos imigrantes ao nível local?

b) Há muitos imigrantes que poderiam ter esse direito e não o exercem? (Explorar motivos: *falta informação; descrédito no sistema político português; procuram outras alternativas de participação, não faz parte dos seus projetos...*)

c) Que aspetos poderão condicionar a participação dos imigrantes na política portuguesa?

4 – Situação dos grupos migrantes em Portugal

a) Peço-vos que me descrevam os principais problemas e dificuldades vivenciados pelos grupos migrantes (se necessário explorar as seguintes hipóteses):
- *Nenhum*
- *Diferenças culturais* (língua, alimentação, modo de vida, religião...)
- *Aspetos económicos* (estar empregado ou não; tipo de emprego; custo de vida...)
- *Aspetos sociais* (dificuldades em aceder a bens e serviços; desconhecimento das instituições e sistemas; discriminação...)

b) Já alguma vez, por serem imigrantes, sentiram dificuldades em tratar de algum assunto ou documento? (Possibilidades a explorar: *língua, dificuldades económicas, falta de tempo, discriminação...*)

c) Consideram que o facto de não ter nacionalidade portuguesa é um aspeto que afeta a vida dos imigrantes? Em que sentido? (Experiências e relatos de situações pessoais: Como foi? Duração? Custos?)

d) Em que medida a política de imigração em Portugal tem afetado ou não a participação política dos imigrantes?

5 – Relações institucionais

a) Em caso de necessidade de algum tipo de apoio ou informação a quem costuma recorrer? Para que fins? (explorar instituições: ACIDI, Junta de Freguesia, Câmara Municipal...).

b) Como imigrantes, sentem que têm mais ou menos obstáculos para aceder às instituições públicas portuguesas?

c) Qual é a vossa opinião sobre o contacto e as relações das estruturas oficiais do Estado com os imigrantes (SEF, IEFP, ACIDI...)? (Se necessário explorar opiniões sobre a política de imigração portuguesa).

d) Como é que se sentem a viver fora do país de origem?

e) Por fim queremos perguntar-vos o que é para vocês a integração? O que é uma pessoa bem integrada? Como é que um imigrante fica integrado?

– Alguém quer acrescentar mais algum aspeto que considere relevante para a participação política dos imigrantes?

Muito obrigado!

ANEXO 3 – QUESTIONÁRIO APLICADO AOS IMIGRANTES (BRASILEIROS, CABO-VERDIANOS E NACIONAIS DOS PAÍSES-MEMBROS DA UNIÃO EUROPEIA)

Versão em português[101]

Inquérito – Participação Política dos Imigrantes em Portugal

Caro/a Sr./Srª

O projeto *"Acesso Formal aos Espaços Políticos no Contexto Local: Eleitores e Eleitos nos Municípios e Freguesias Portuguesas"*, realizado pelo Centro de Estudos Sociais da Universidade de Coimbra, com a colaboração da SociNova – Migrações, da Universidade Nova de Lisboa – e financiado pela Fundação para a Ciência e a Tecnologia (referência: IME/SDE/81870/2006), está a levar a

---

[101] Foram igualmente disponibilizadas a alguns entrevistados versões do inquérito em francês e inglês.

cabo uma investigação sobre a participação formal dos imigrantes na política local portuguesa.

Para tal, agradecemos que responda às questões colocadas neste questionário. Asseguramos o anonimato e a confidencialidade da nossa pesquisa e as respostas serão usadas exclusivamente para fins científicos.

Ao responder às questões, assinale a variante que melhor se adequa ou escreva a sua resposta no espaço sublinhado.

Muito obrigado pela sua colaboração!

Nº do impresso |___|___|___|
(a preencher pela equipa do projeto)

1. Ano de nascimento _____

2. Sexo
   1. Masculino ☐   2. Feminino ☐

3. Estado Civil
   1. Solteiro/a ☐
   2. Coabitação (união de facto) ☐
   3. Casado/a ☐
   4. Divorciado/a – Separado/a ☐
   5. Viúvo/a ☐

4. Naturalidade _____
5. Nacionalidade _____

6. Local de residência antes de emigrar para Portugal
   1. País _____ 2. Concelho _____

7. Local de residência atual
   1. Distrito _____
   2. Concelho _____ 3. Freguesia _____

8. Há quanto tempo reside em Portugal? _____

ACESSO FORMAL DOS IMIGRANTES AOS ESPAÇOS POLÍTICOS

9. Qual o seu estatuto legal?
   1. Título de Residência Provisório ☐ Desde quando? _____
   2. Título de Residência Permanente ☐ Desde quando? _____
   3. Nacionalidade portuguesa ☐ Desde quando? _____
   4. Outros ☐ Qual? _____

10. Se pediu a nacionalidade portuguesa, indique o principal motivo. (**Assinale uma opção**)
   1. Para votar nas legislativas e presidenciais ☐
   2. Para ter mais direitos ☐
   3. Para ficar livre de burocracias do SEF ☐
   4. Porque o meu cônjuge é português(a) ☐
   5. Porque os meus pais têm nacionalidade portuguesa ☐
   6. Porque me sinto português(a) ☐
   7. Para poder emigrar para outro país ☐
   8. Outros _____

11. Escolaridade/Habilitações literárias (por favor assinale o último nível de educação concluído)
   1. Ensino primário ☐
   2. Ensino básico ☐
   3. Ensino secundário ☐
   4. Escola profissional ☐ Em quê? _____
   5. Ensino politécnico ☐ Em quê? _____
   6. Licenciatura ☐ Em quê? _____
   7. Mestrado ☐ Em quê? _____
   8. Doutoramento ☐ Em quê? _____
   9. Outras habilitações ☐ Quais? _____

12. Qual era a sua ocupação no seu país de origem? _____

13. Se antes de vir para Portugal esteve num outro país, qual era a sua ocupação?
_____

14. Porque emigrou para Portugal?
   1. Estudos ☐
   2. Trabalho ☐

3. Saúde ☐
4. Reagrupamento Familiar ☐
5. Outros ☐ _____

15. Qual foi a sua primeira ocupação em Portugal? _____
16. Qual é a sua ocupação atual? _____

17. Mantém contacto com o seu país de origem?
    1. Sim ☐   2. Não ☐ Porquê? _____

18. Se sim, de que forma?
    1. Através da Embaixada/Consulado ☐
    2. Através dos meios de comunicação ☐
    3. Através de associações em Portugal ☐
    4. Através de familiares em Portugal ☐
    5. Através de familiares no país de origem ☐
    6. Outras ☐ Quais? _____

19. Sabia que os nacionais dos países-membros da União Europeia e os nacionais da Argentina, Brasil, Cabo Verde, Chile, Irlanda, Israel, Noruega, Peru, Uruguai e Venezuela têm direito de votar para as eleições locais em Portugal?
    1. Sim ☐   2. Não ☐

20. De que forma teve conhecimento do direito de voto atribuído aos imigrantes?
    1. Através da Embaixada/Consulado ☐
    2. Através de associações em Portugal ☐
    3. Através da Junta de Freguesia ☐
    4. Através de campanha de divulgação
       (TV; Rádio...) ☐
    5. Através de amigos e vizinhos ☐
    6. Através de familiares ☐
    7. Em campanhas eleitorais ☐
    8. Outras _____

21. Está recenseado?
    1. Sim ☐
    2. Não ☐ Porquê? _____

22. Tem exercido o direito de voto para as eleições locais em Portugal?

1. Sim   ☐   Indique os anos em que votou:

        1997 ☐   2001 ☐

        2005 ☐   2009 ☐

2. Não   ☐

23. Na sua opinião quais são os principais fatores para que apenas um grupo muito pequeno de imigrantes participe na política local em Portugal? (***Assinale apenas três opções que considere serem as mais importantes***).

1. A política em Portugal não interessa muito aos imigrantes   ☐
2. Os imigrantes não conhecem os seus direitos políticos   ☐
3. Os imigrantes pensam em regressar   ☐
4. Os políticos não se interessam muito pelas questões da imigração   ☐
5. A política nacional tem uma ação mais direta sobre a vida dos imigrantes   ☐
6. É preciso adquirir melhores condições de vida para depois participar na política do país de destino   ☐
7. É preciso primeiramente sentir-se integrado e acolhido na sociedade de destino   ☐
8. Há cada vez mais um descrédito generalizado na política   ☐
9. A intervenção através das associações, literatura, música e reivindicações pelos direitos dos imigrantes tem sempre um impacto maior sobre a vida dos imigrantes   ☐
10. O imigrante não tem tempo para seguir a política local portuguesa   ☐
11. Falta alguém que represente os interesses dos imigrantes na política local   ☐
12. Outro_____

_____

Muito obrigado pela sua ajuda e colaboração